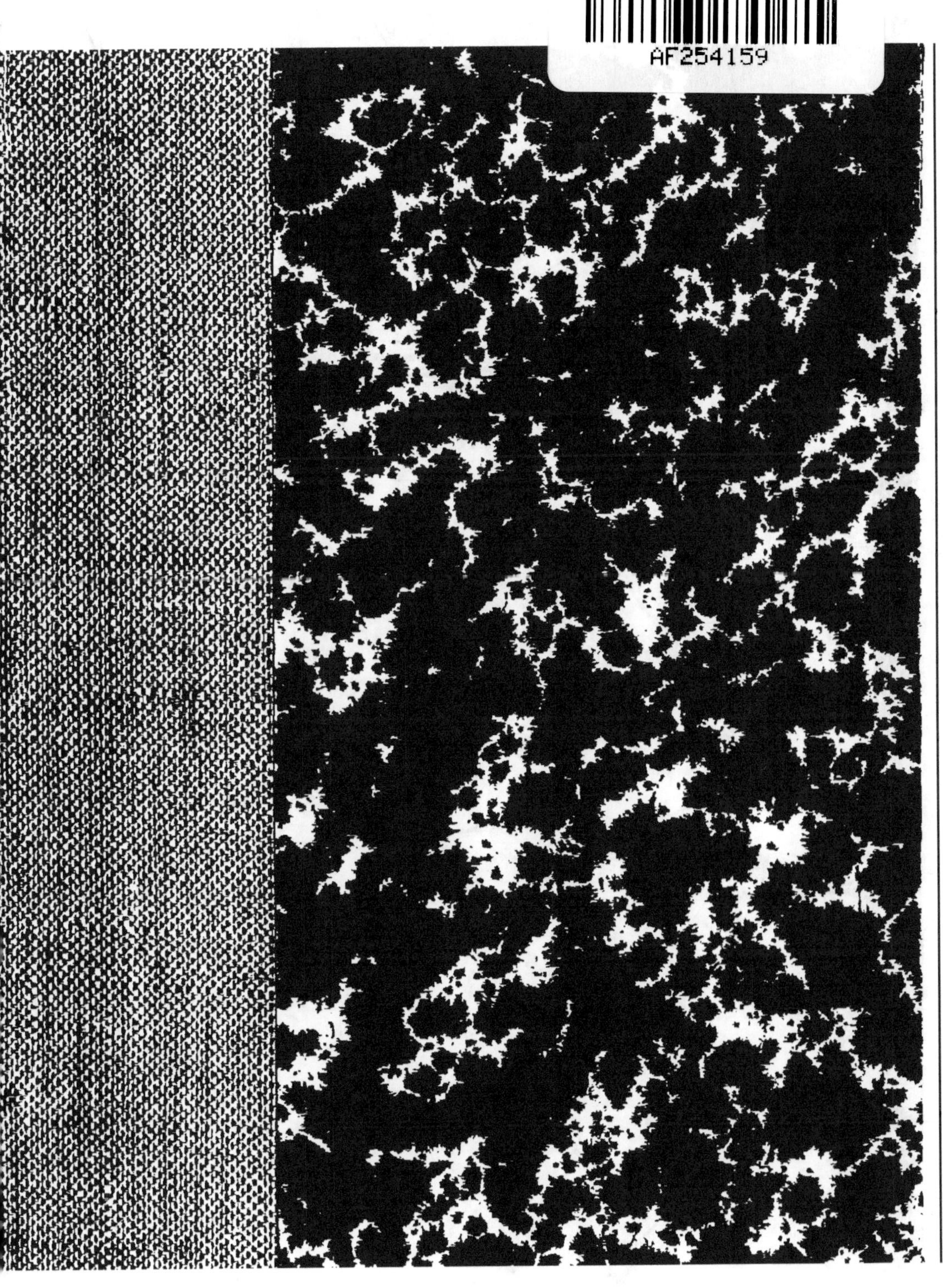

AF254159

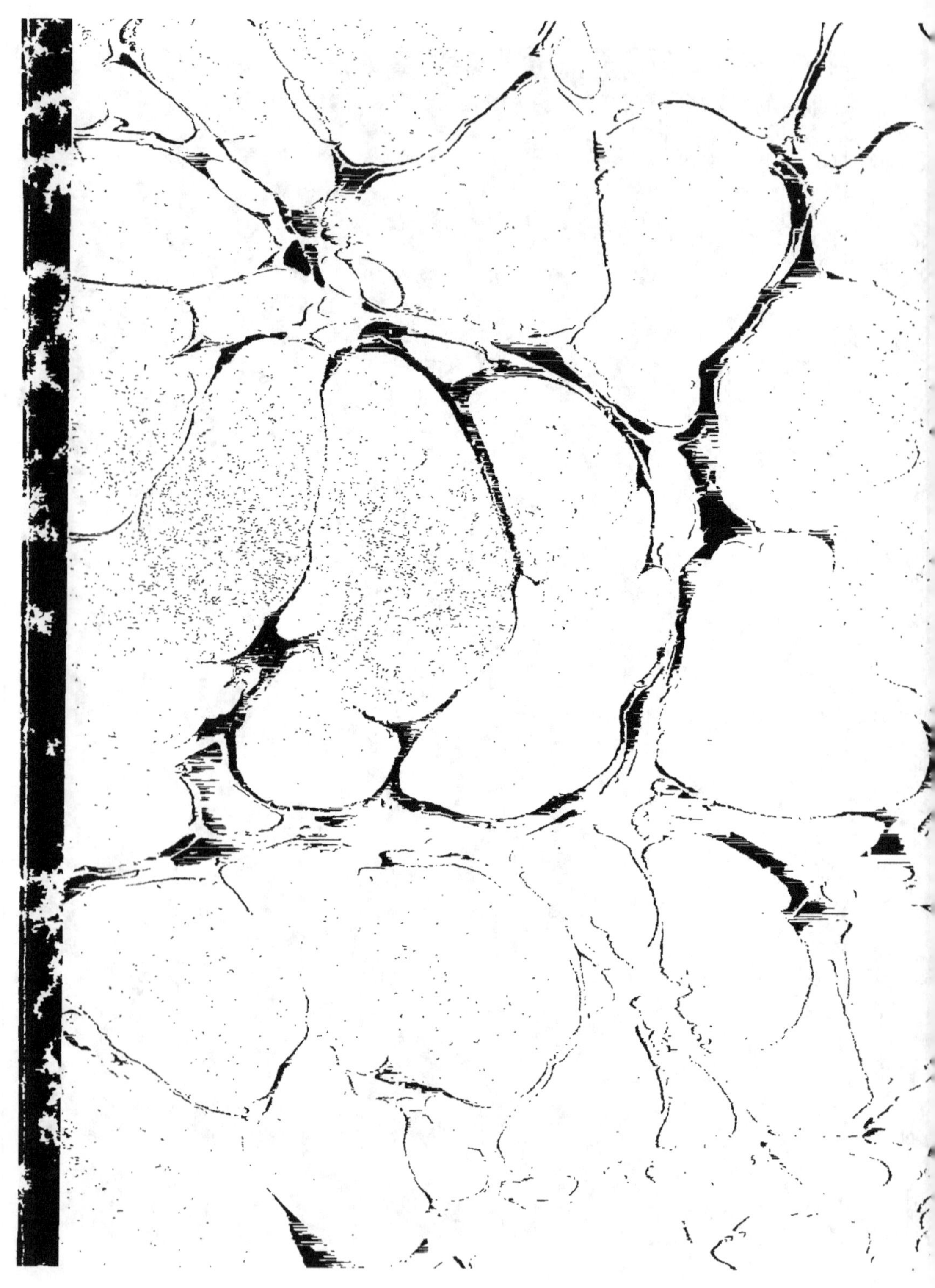

UNE COURSE

SOUVENIRS D'ESPAGNE

UNE COURSE

PAR

FERDINAND T***

TOULOUSE

IMPRIMERIE DE J. FOURNIER

5, RUE DU SALÉ, 5

—

1888

A Madame M...

Hommage discret.

FERDINAND T***

I

188....

I

188...

« La fièvre se gagne » assure Alexandre Dumas. Quelle fièvre ? Celle de la tauromachie. Il en avait fait plus d'une fois l'expérience, particulièrement à Madrid.

Moi aussi, tout Français que je suis, je voulais

une course; et voilà cinq ans, Madame, que je travaillais à me la procurer. Mais je souhaitais une belle course de taureaux, telle que les souvenirs d'autrui l'avaient peinte dans mon imagination, c'est-à-dire beaucoup de chevaux éventrés, beaucoup de cavaliers désarçonnés, beaucoup d'hommes tués, du sang à flots ; un don Ramon ou don Riego luttant corps à corps avec la bête fauve, sous l'œil allumé d'une fière maîtresse, des vestes de velours, des mantilles, des cris aigus, des trépignements, de l'enthousiasme... J'en ai rêvé cinq ans.

Quand on est jeune, on bâtit des châteaux en Espagne; je n'y ai jamais songé, Madame, parce que je croyais ce pays occupé tout entier par les taureaux. Et les brigands? Et les joueurs de mandoline? Et les contrebandiers? Et les marchands d'oranges ? Et les vendeurs d'azucarillos ? Et les manolas madrilènes ou andalouses ? Et les nourrices galiciennes? C'est vrai ; j'oubliais tout cela, Madame, comme j'oublie encore bien d'autres choses. Mais je vous assure qu'on m'en parlait à peine. D'où je concluais que tout cela

existait en abondance dans le cerveau des romanciers, mais que l'Espagne était exclusivement un
peuple de toreros.

Donc, si j'avais la chance d'assister à une course,
du même coup je voyais toute l'Espagne, je
connaissais mes Espagnols ; je les toisais nez à
nez, ces fiers hidalgos.

Alors vous pensez, Madame, que je n'en ai
jamais vu de ma vie ? Au contraire, j'en ai vu et
connu un certain nombre. Après la dernière
guerre carliste, il en vint à A... quelques centai-
nes. Le menu fretin n'y séjourna pas longtemps.
Ces pauvres soldats, tous mercenaires, ne s'étaient
pas battus par conviction. On les avait levés, à
tant par jour, dans les montagnes guipuscoanes
ou navarraises ; et ils avaient travaillé pour le
compte du prétendant, comme auparavant ils
travaillaient pour le compte des ingénieurs de la
Haya. Ils se hâtèrent de rentrer en Espagne et
crièrent vingt fois pour une : Vive le roi Alphonse !
Les officiers y mirent plus de dignité. Ils com-
mencèrent par anathématiser l'indult, et jurèrent,
par un noble serment, de manger la terre d'exil

plutôt que de repasser la frontière sans leur roi légitime, Don Carlos, septième du nom.

Et ce ne fut pas pour tous un serment de théâtre. Dès le lendemain, plusieurs de ces vaillants demandèrent du travail aux industriels de notre ville. L'un d'eux fit aussitôt venir d'Espagne sa femme et ses enfants ; car il avait pris à la lettre la foi jurée. Il tournait la meule chez un fabricant de chapeaux, et il gagnait, à ce pénible labeur, deux francs par jour, juste de quoi mourir de faim sans en avoir l'air. C'est qu'il était pauvre ; il avait obtenu son grade, dans l'armée carliste, parce qu'il avait déserté l'armée royale, et qu'il était rompu au métier.

Cependant, les beaux lieutenants, les nobles colonels se payaient une charmante saison au sein des meilleures familles de la localité. Quand je dis : se payaient, c'est un pur idiotisme que j'emploie ; c'est une façon de parler qui n'a rien d'exact. On les logeait, on les costumait, on les entretenait. On leur procurait d'agréables divertissements, tels que soirées, parties de pêche, bals et grands dîners. Çà et là, on découvrirait bien

encore quelque légende ; plus d'une demoiselle
de qualité, même vieille et dévote, en tourna la
tête.

Et moi, je les enseignais.

Oui, Madame, je tins un véritable cours de
français, auquel tous ces étrangers se rendirent
très-assidûment pendant huit jours. Il n'eût plus
rien manqué, après avoir si énergiquement déclaré
leur intention de demeurer en France, qu'ils
eussent eu l'air de négliger la langue de leur
patrie adoptive. Je dois à la vérité d'ajouter que,
sauf deux ou trois prêtres, ex-aumôniers de l'ex-
armée, et quelques rares jeunes gens, réellement
désireux d'employer leur temps d'exil à s'instruire, tout ce joli monde venait passer une heure
dans un local particulier, pour y fumer, retrous-
ser les pantalons, cracher par terre entre deux
fariboles, deviser de quelque aventure d'amour,
en un mot, retrouver un moment, à l'abri des
regards inquisiteurs de leurs hôtes, qui les
traitaient en gens de distinction, la grossière
liberté des camps.

Autour de ma chaire, peu à peu les uniformes

devinrent plus rares ; un par un, les bérets disparurent. Avant six mois, il ne me resta plus que les barrettes d'aumôniers. Et pas toutes encore. Sur six, trois de ces prêtres avaient regagné leur pays ; un quatrième avait trouvé à se caser, et il avait naturellement préféré la vie oisive, au sein d'une communauté religieuse, à la vie laborieuse et mal rétribuée qu'il avait menée jusque-là.

En ville, les carlistes s'étaient fondus. Celui-ci avait profité de l'indult parce que sa mère se mourait ; celui-là, parce qu'il était l'aîné de trois frères auxquels il tenait lieu de père ; un troisième, parce qu'on menaçait de fermer son usine à papier. Le marquis Don Pedro Brinquez y Brincas était parti furieux contre sa femme, qui avait osé solliciter sa grâce de l'usurpateur. Lui, il n'y aurait jamais consenti. Il allait se venger de sa femme, en lui reprochant sa lâcheté, et en lui ordonnant de le suivre à la frontière. C'est, du moins, ce que m'assurait, avec un ton de conviction sauvage, ce pauvre carliste, qui, par fidélité, faisait le métier de bête de somme.

Pourquoi vous ai-je donc parlé des carlistes et de la guerre civile? C'est, je crois, Madame, pour vous démontrer que je connaissais parfaitement mes Espagnols. Et la fleur, s'il vous plaît : des Basques, des Navarrais, et des Catalans.

Néanmoins, lorsque je me donnais la satisfaction d'affirmer cette connaissance, je n'étais pas content. Au fond de ma conscience, j'avais du remords ; ne riez pas, Madame, c'était un remords véritable. Malheureux ! tu n'as jamais vu une course de taureaux ; que prétends-tu donc ? disait la voix intérieure, vous savez, cette voix avec laquelle les compromissions ne sont pas faciles.

Eh ! bien, je la verrai, parbleu ! Et je me fis à moi-même ce serment que, dût m'en coûter les yeux, après l'avoir vue, s'entend, je verrais une course de taureaux.

Hélas ! les meilleures résolutions ne résistent pas au temps. Les carlistes partis, et bientôt parfaitement oubliés (dès que l'odeur de tabac dont ils avaient empesté les murs eut complètement disparu, ce qui veut dire après dix mois), je ne me souvins plus de l'Espagne, ni de ses bêtes, ni

de ses hommes. L'effervescence de l'inconnu,
redoublant au contact de ces étrangers, s'était
calmée, et je m'endormais parjure dans les délices
de la vie solitaire. Mais le réveil !...

Je dînais un jour chez un ami, esprit très-délié,
causeur brillant, voyageur infatigable, qui s'est
enduit à l'étranger d'un vernis de politesse exquise,
et en a rapporté des manières assez raffinées. Je ne
l'offenserai pas en ajoutant que c'est là tout son
travail : ne pas rester en place. Lui-même en
plaisante à tout propos, et il vous affirme avec la
plus agréable désinvolture qu'il ne s'est jamais
donné la peine d'étudier, dans les livres, ce qu'il a
le plaisir de voir et d'apprendre dans ses voyages.
Il avait fait la connaissance d'un ex-officier carliste, à l'époque de son internat, et l'avait retenu
pour son hôte tout le temps que celui-ci avait
voulu rester. Il n'avait pas eu trop mauvaise
main ; il était tombé sur un Espagnol recon-
naissant. Au reste, il faut vous dire, Madame,
que mon ami n'a jamais eu que de bonnes chances.

Donc, il revenait des montagnes de la Navarre,

où il avait passé un mois d'enchantement chez son fidèle Pablo. Même il avait parcouru une *ganaderia* magnifique, et il avait assisté à une *course de marque*. Si vous avez lu Dumas, ou Gautier, ou tel autre qui ait écrit ses voyages dans la Péninsule, vous savez, Madame, ce qu'est une *ganaderia,* et ce qu'est une *course de marque.* Sinon, je vous l'expliquerai bientôt.

Quant à mon voyageur, son ravissement était tel qu'il ne parlait de rien moins que de repartir l'année suivante. Cette fois, il y passerait l'été. Je ne doutais pas que Don Pablo ne lui transmît une seconde invitation ; mais, enfin, il faut tout prévoir, même la satiété dans nos meilleurs amis. Ce fut la conversation de tout le repas. Lui seul parla, et personne ne s'en fâcha : il était notre hôte, et il cause bien.

Mais s'il ne fut pas interrompu tant que durèrent les descriptions et les portraits, il n'en fut pas tout à fait ainsi lorsqu'il entonna son dithyrambe en l'honneur des Espagnols, célébrant leur fidélité, leur grandeur d'âme, leur bravoure, leur politesse sans rivales. On sait bien ce qu'en vaut l'aune, pensais-je intérieurement. Et j'éprouvais, au-dedans de moi, la satisfaction d'un homme qui est sûr de ne pas se tromper. Seulement, cette satisfaction muette se trahissait, paraît-il, par un de ces sourires involontaires qui annoncent toujours l'incrédulité. Et le conteur s'en aperçut.

Ah! Madame, il avait un défaut, en commun avec tant d'autres gens d'esprit : celui de ne pas souffrir la contradiction. J'eus hâte de pincer mes lèvres hypocrites, et de redevenir aussi grave que votre juge de paix, lequel n'a jamais interrompu ses clients : l'ignorance et le sommeil sont deux raisons de longanimité. Il me pleuvait sur les épaules des taureaux, et des picadors, et des chulos, et des espadas, primeras, sobresalientes, tout un mélange de capas et d'alguazils, d'abanicos et de splendides señoritas ; je n'eus pas le temps de me reconnaître.

Le dîner était fini ; on s'était levé, je me levai. Le maître de la maison, — je n'ose plus l'appeler mon ami, tant il était digne à ce moment, — daigna venir à moi. Il me prit le bras, et, devant tous ses convives, parfaitement convaincus que celui chez qui l'on dîne a toujours raison, plus parfaitement scandalisés de mon scepticisme inopportun, il me sermonna en ces termes :

« Non, mon cher, il ne faut pas s'en fier à une lecture plus ou moins humouristique. Il ne faut pas davantage s'en rapporter à une impression personnelle qui a pu résulter d'un incident défavorable. Vous êtes jeune. Je sais que vous avez été en contact avec quelques-uns de nos voisins ; c'est de ce contact qu'il vous est resté cette fâcheuse défiance contre eux. Mais convenez qu'à votre âge encore, et à cette époque surtout, on n'est pas mûr pour analyser des hommes, pour apprécier leur valeur, et pour discuter la supériorité de telle ou telle nation. Il se peut fort bien, ce qu'en tout cas je désapprouverais comme vous, que, précisément à cause de votre jeunesse, ces braves hidalgos ne se gênassent point trop dans leurs relations de chaque jour avec vous. Mais, vous m'entendez, ces griefs légitimes, qui vous sont personnels, ne vous donnent pas le droit de juger ces hommes en dernier ressort ; vous les jugeriez trop mal. Et puis, vingt ou trente individus, mettez cent, ne font pas un peuple. Croyez-moi, voyagez. Allez les voir en Espagne; c'est chez lui que l'Espagnol est beau. Vous ne nierez pas qu'il est peut-être le seul qui nous donne, à cette époque, l'exemple superbe d'un peuple sacrifiant ses intérêts à sa religion et à sa foi politique? Vous ne nierez pas que la dernière guerre carliste est une guerre de héros, une guerre de vaillance et de chevalerie? »

En disant cela, l'orateur, planté debout, en face de moi, se rengorgeait dans une pose superbe. Il était magnifique d'emphase; il avait atteint le comble de la surexcitation extatique. Et, naturellement, tous les convives bayaient de plaisir. Moi, je me gardai de rien nier, Madame. Je me souvins d'abord fort à propos que j'avais dîné chez lui. Ensuite, je n'avais pas la moindre envie d'entamer une discussion politique, et surtout de m'aventurer dans le carlisme. Le maître de la maison était intraitable sur tout cela; sur le haut de son toit le drapeau blanc flotte en permanence.

Et lui, très fier de mon silence, continua avec

la même verve son très-remarquable discours.
Seulement son visage s'était radouci, et son ton
devint plus paternel. Mon humble contenance
l'avait vaincu.

« Mon cher, ajouta-t-il (c'était son mot familier),
avez-vous jamais vu une course de taureaux ?
Non, n'est-ce pas ? Eh! bien, allez en voir une ;
c'est tout ce que je puis vous conseiller de mieux.
Jusque-là, réservez votre sentiment sur les Espagnols. Je ne vous dis pas d'aller courir la
Péninsule, depuis les Cantabres jusqu'à la Punta,
depuis Barcelone jusqu'à Badajoz. C'est simple
et facile comme bonjour. Vous allez à Saint-Sébastien, à Tolosa, à Pampelune, à Vitoria, à Bilbao,
à Saragosse ; ce sont les villes les plus rapprochées
de la frontière. Vous ne voulez pas voir des
capitales, compter des monuments, savoir qui, des
Andalouses ou des Madrilènes, a le plus petit pied,
qui l'emporte en morbidesse, des safranières de
Grenade ou des cigarières de Séville. Cela, c'est
affaire de romanciers et d'artistes, des hommes
qui voyagent plus pour se distraire que pour
s'instruire. Les détails leur suffisent. Or, le Midi

de l'Espagne est le lieu de ces détails sans importance. Vous, vous voulez une sérieuse étude de mœurs, un savoir philosophique de vos Espagnols; c'est dans le Nord que vous l'acquerrez. Au Midi, vous n'avez rien à remarquer, sinon des qualités de race, qui sont presque toutes des défauts. Le peuple espagnol, c'est le peuple du Nord. Là, c'est l'homme qui attire votre attention; ailleurs, c'est la femme.

« Eh ! bien, n'est-ce pas agréable de pouvoir faire cette étude tout en s'amusant? En trois heures de spectacle, avec votre nature d'observateur, vous aurez vu plus qu'en un mois de voyage. Et, mon cher (il me tapait amicalement sur l'épaule), vous aurez changé d'avis. Vous me préviendrez seulement de votre retour, et vous me permettrez de vous fournir une occasion, pareille à celle d'aujourd'hui, de raconter vos impressions. Ce ne sera plus de mon enthousiasme qu'on sourira, mais peut-être du vôtre. Qui sait s'il ne me faudra pas alors vous modérer, et mettre moi-même un peu de noir au tableau radieux que vous nous ferez de votre vilaine Espagne? »

« Qui sait ? » répétèrent deux ou trois malins, approbateurs-nés de tout amphytrion.

« Qui sait ? » murmurai-je moi-même, en essayant de sourire. Au fond, Madame, j'étais furieux. La leçon était rude ; elle était faite sur un ton de suffisance qui m'humiliait trop pour la tolérer sans colère. Mais ce qui me révoltait bien davantage, c'était l'absurdité des conclusions. Je ne pouvais pas concevoir qu'on s'aveuglât de la sorte, et que des hommes, au courant de l'histoire, méconnussent ses enseignements d'une manière si obstinée. Après tout, me disais-je, tout en me promenant seul, car je faisais queue aux groupes des convives, en supposant que je revienne ravi d'une course de taureaux, cela ne fera pas que je le sois des Espagnols. Oh ! non, mon opinion est arrêtée, bien arrêtée, et je ne pense pas qu'un spectacle me la modifie. Ce n'est pas en le contemplant au jeu qu'on apprend à estimer un peuple. La plaisante histoire ! Comme si la bonne renommée des Romains a gagné à ce que Tacite les ait vus au Cirque.

Quelque chose me mortifiait plus que toute

autre ; je vous le confesse, Madame : c'est qu'on me trouvât trop jeune, pas assez mûr pour la discussion, tant que je n'avais pas vu une course de taureaux. C'était le dernier mot de la conversation précédente. « Avez-vous vu, oui ou non ? » Le moyen de dire oui ? « Eh ! bien, n'en parlons plus. » En effet, on ne peut guère s'aventurer sur ce que l'on n'a pas vu.

Je me promis bien que plus jamais on n'aurait contre moi le même motif de dédain. Nous étions au mois de juillet 188... Je fis mes préparatifs pour le départ, en congé pour un mois, mais sournoisement. Je voulais filer comme un notaire en déconfiture. C'est une vengeance que je méditais. Je voulais n'avoir pas l'air d'être parti, et revenir de nuit avec, non pas une, mais dix, mais vingt, mais cent courses de taureaux, si je pouvais. J'étais décidé à ne pas voir autre chose ; chaque jour, deux fois par jour, je serais là, à la porte, guettant l'ouverture, prêt à pénétrer dans l'arène, s'il le fallait, pour gober une course nouvelle. Ensuite, c'est-à-dire lorsque j'aurais été certain qu'il n'y avait plus une course dans toutes les

Espagnes, que tous les taureaux étaient morts, tous les toreros dispersés, je serais rentré modestement, de nuit, vous-dis-je ; je me serais glissé de nouveau dans mes occupations. J'aurais patienté tout l'hiver ; j'aurais mordu ma langue trois ou quatre mois encore. Mais, à un jour donné, à un anniversaire quelconque, facilement amené à mon gré, je me procurerais un éclatant triomphe.

Jugez donc, Madame, de ma supériorité réelle. Engager le discours sur les taureaux me sera aisé ; une fois sur le terrain, la lutte devient inégale. Je ne serai plus ignorant, ni jeune ; on ne me dira plus : Ne parlez pas de ce que vous n'avez jamais vu. Ou plutôt si, on me le dira encore. Mais moi, je me lève : « J'ai vu cela, au contraire, non pas une fois, mais cent fois ! » Pan ! Je vois d'ici l'ébahissement de mes personnages qui reçoivent le coup en pleine poitrine. Et si je puis ajouter : Vos courses sont tout simplement des horreurs nauséabondes, ce sera le comble du succès.

Je tins bon, cette fois, Madame ; cela vous étonnera, parce qu'il vous plaît de me croire inconstant. Je partis un 20 août ; il m'en souvient bien. J'avais appris que vous deviez faire un voyage dans les Pyrénées, à peu près à cette date, et j'avais l'idée qu'en m'arrêtant un peu partout, sur mon chemin, je vous rencontrerais. C'est bien pour cette raison que je n'arrivai à Bayonne que le premier septembre. Je descendis à l'hôtel Saint... Non, il ne faut pas écrire ce nom, qui vaudrait une réclame, et, ma foi, ce n'est pas la peine d'attirer les gens dans un trou. Mettez Saint-Crépin, si vous voulez, et, pour mieux vous y perdre, imaginez mon hôtellerie le plus loin possible de la gare. On me demanda si j'allais à Biarritz, le rendez-vous des élégants et des élégantes. Ah ! oui, Biarritz, avais-je le temps de m'en occuper ? Si vous aviez vu, Madame, avec quel gonflement je répondis sec : Non, je vais en Espagne.

— Quel dommage ! Monsieur ; quelques jours plus tôt vous auriez eu le plaisir d'assister à de brillantes courses. On a dit que celles de dimanche ont été les plus belles de la saison. C'est à voir...

— Comment, que dites-vous là ? Mais certainement que c'est à voir ; j'y vais tout exprès. Et j'entends bien ne pas retourner avant d'en avoir vu plusieurs.

— Alors, Monsieur passera cette année en Espagne?

— Vous vous moquez? Je reviendrai vers le 15 de ce mois. Je n'ai pas trois cent soixante-cinq jours à dépenser pour les beaux yeux des Espagnoles.

J'entendis tinter le plus frais, le plus perlé, le plus sonore des éclats de rire.

— Dans ce cas, Monsieur, je vous conseillerais de passer agréablement vos quinze jours à Biarritz ou à Saint-Jean-de-Luz. Si vous n'allez au pays des *carambas* que pour des courses, je vous garantis que vous les avez déjà vues. Après le mois d'août, il n'y a plus de taureaux en Espagne, il n'y a plus que des piments et des poux.

Comme ma conseillère était une jeune fille à l'œil très-vif (je dis à l'œil, Madame, et défiez-vous des jeunes filles qui n'ont qu'un œil), à la bouche moqueuse, je crus parfaitement qu'elle me plaisantait. Mon vif désir de voir une course de taureaux, et l'obligation morale dans laquelle, à mon sens, se trouvait l'Espagne de m'en fournir une, puisque je lui faisais l'honneur de la venir chercher de si loin, me confirmèrent dans mon opinion sur les goûts railleurs de la Basquaise.

Je ne la remerciai même pas de ses renseignements. Le lendemain, je me levai de bonne heure, je payai le garçon, et, sans dire gare, je m'embarquai pour Saint-Sébastien. Bientôt la portière se referma, la locomotive siffla, ronfla, le train partit. En route pour l'Espagne !

— Un beau pays, monsieur.

— Charmant.

— Tenez, voilà la mer ; c'est Guetary : oh ! la belle mer !

— Très-belle.

— Et puis, de ce côté, les Pyrénées ; elles sont magnifiques aujourd'hui. Voyez le mont des Trois-Couronnes, avec leur splendide manteau bleu...

— Splendide.

— Nous traversons maintenant la Bidassoa ; mince rivière. C'est d'ailleurs la coutume des fleuves d'Espagne ; ils ne se donnent pas la peine d'avoir de l'eau. Ce pont est international ; voilà le douanier espagnol. Avez-vous remarqué le douanier français de l'autre côté ?

— Non.

— Nous sommes à Irun ; la douane va s'emparer de votre valise. Où donc allez-vous ? Monsieur.

— Parbleu, en Espagne.

— Oh ! alors vous y êtes, grogna mon interlocuteur mécontent, un fâcheux, un vrai fâcheux qui vous accoste et veut absolument faire causer qui ne veut pas. Il était déjà debout, et, la main à la portière, prêt à descendre. Pour mieux accentuer son mécontentement, il appuya de sa lourde botte sur mon pied, ce qui m'exaspéra outre mesure. Mais le bourreau était trop loin, pour lui pouvoir dire commodément son fait. Je descendis de voiture.

En vérité, c'est bien la peine, n'est-ce pas, Madame, de tourmenter ainsi un voyageur, tout le long de la route, sous prétexte de lui fournir des renseignements. Je n'en voulais pas de renseignements, moi. Vous comprenez que les derniers mots de Julia (elle s'appelait Julia, la Basquaise, j'avais oublié de vous en informer) sonnaient encore à mes oreilles comme un glas. Je ne pouvais me débarrasser d'un pressentiment : si elle avait dit vrai ! si j'allais ne pas avoir de courses !... Ce serait affreux ! L'idée me vint de consulter deux sujets à ceinturon de Sa Majesté Catholique, appliqués raides à chacun des montants de la porte de sortie.

— Señores ! Cela veut dire « messieurs » dans la belle langue du Cid.

— Un peu plus loin.

Bon, et je n'avais rien dit. Savaient-ils ce que je voulais leur demander ? Leur peu d'empressement me vexa. « Un peu plus loin » je me heurtai à deux autres collets rouges. Ceux-ci se précipitèrent sur ma valise, qu'ils honorèrent d'une enquête minutieuse ; mais de moi, il n'en fut pas question. Ils ne m'accordèrent pas un regard. Allez donc demander des renseignements à des gens commodes comme ceux-là ! J'en trouvai encore, de ces cariatides orgueilleuses, ici et là, à toutes les portes, au fond de tous les corridors ; mais, Dieu merci, l'idée ne me vint pas de leur adresser la parole. Après tout, je connaisais l'heure du départ pour Saint-Sébastien ; cela me suffisait. Je pouvais demeurer digne.

Il faut vous dire, Madame, que je pus tout à mon aise me montrer drapé dans ma dignité aux nombreux voyageurs mollement assis sur les quais. Les gares espagnoles ne ressemblent pas du tout aux gares françaises ; je leur donne la préférence. Elles ont l'air de nos anciennes cours de messageries, et sont très-accessibles, tandis que les nôtres sont de véritables forteresses, où l'on emprisonne le voyageur jusqu'à l'heure ré-glementaire.

Pour moi, je me promenais, et je faisais mes réflexions. Je pensais à tous ces aimables farceurs qui célèbrent la politesse des Espagnols en général, et des douaniers en particulier. Ce sont tous de charmants écrivains, mais ils nous en content. Alexandre Dumas chante l'exquise délicatesse des procédés de la douane guipuscoate, et déclare ces provinces un vrai pays de cape et d'épée. C'est

que lorsqu'on eut lu « son nom écrit sur ses malles
« et sur ses caisses, en lettres de cuivre, le chef
« de la douane vint à lui, et ordonna à ses em-
« ployés de respecter jusqu'à ses sacs de nuit. »
C'est péremptoire ; il ne pouvait s'empêcher de
délivrer à l'Espagne, dans son livre, un diplôme
de haute politesse, pour lui servir en toute occur-
rence. Seulement, comme vous ne vous appelez
pas Dumas, qu'on ne pourra pas distinguer sur
vos caisses ce nom magique, je vous préviens,
Madame, que si vous allez en Espagne, on vous
fouillera, jusques à l'épiderme, selon l'énergique expression du romancier. Et comme il n'y a
eu qu'un ou deux Dumas dans ce siècle, il s'ensuit
également que les Espagnols ont pu n'être polis
qu'une ou deux fois dans les cent ans, sans avoir
perdu aucun droit à leur réputation de civilité.

Ils sont bien quelques-uns qui ont écrit dans le
même sens, et qui nous adressent de charitables
recommandations, afin que nous ne tracions pas
un tableau trop sombre des mœurs espagnoles,
parce qu'elles ne nous auront pas été personnelle-
ment favorables.

Celui-ci avait des correspondants de poste en poste, qui venaient l'attendre à la gare, à la diligence ; naturellement l'Espagne était pour lui toute prévenances, toute accolades, toute coussins, toute bonbons et douceurs. Il n'eut jamais affaire avec des douaniers ; avec quelques réaux, il vous transformait tout ce monde en garçons d'omnibus.

Celui-là, plein d'imagination, vous a inventé un mozo, un homme d'équipe, si vous voulez, qui n'a pas autre chose à faire qu'à vous attendre, à l'arrivée du train. Il vous ouvre la portière, il vous saisit dans ses bras, il vous porte vos menus bagages, et il vous mène au buffet. Là, il vous commande de vous tenir en repos, de dîner ; il se charge, pendant ce temps, de la visite officielle de vos malles. En effet, au bout d'un moment, il est de retour ; il vous rapporte les clés, avec un bulletin. Il vous a chaudement recommandé, allez ; le carabinier n'a presque rien touché. Et, pour vous éviter toute espèce de dérangement, il vous a même fait l'avance du bulletin... Oh ! le brave homme, vous l'embrassez, cela va sans dire. Puis, en vrai Français que vous êtes, qui entendez les situations, vous cherchez à glisser une pièce blanche dans les mains du... Que faites-vous ? Non, non, rien du tout ; et c'est pour de bon qu'on vous refuse. Votre homme a déjà traversé la voie. Façons de gentilhomme, voilà tout.

Mais l'Espagne est tout simplement adorable, avec ces mozos-là. Sans doute, Madame ; mais il n'y en a pas plus que sur ma main. Ils sont même matériellement impossibles, car tout le monde sait qu'il y a deux choses également difficiles, dans les gares de la frontière : ne pas mettre le pied sur la guêtre d'un carabinier, et mettre la main sur l'épaule d'un homme d'équipe.

C'est le même inventeur de mozos qui recommande, pour étudier avec fruit les mœurs de la Péninsule, de voir l'Espagne sans Français ; ils y gâtent tout, tant qu'ils y sont. Eux partis, il paraît que les Espagnols sont méconnaissables : c'est qu'alors il leur coûte beaucoup moins d'être polis envers les Français.

En échange de ces méditations que je vous ai scrupuleusement soumises, je vous fais grâce,

Madame, de mon déjeuner au buffet. Deux œufs à la coque, et un morceau de cheval huileux en guise de beefteack, plus un verre de vin blanc, ne valent pas la peine qu'on les mentionne.

A deux heures et demie de l'après-midi, le train quitta Irun, et moi aussi ; à quatre heures moins vingt minutes, nous nous arrêtions tous deux devant la gare de Saint-Sébastien. Je trouvai que nous avions marché rapidement : 17 kilomètres en une heure et demie ! Vous ne me croirez pas ; et la raison, s'il vous plaît ? Parce que cela est incroyable. Peut-être bien en France, mais en Espagne ! Madame.

Nous étions un samedi, je dois le dire tout d'abord ; ce détail n'est pas sans importance. Le lendemain était donc dimanche, c'est-à-dire jour de taureaux ; le surlendemain lundi, encore jour de taureaux, d'après mes calculs. Au sortir de la gare, j'abordai le premier alguazil venu, et, dans un castillan très-correct, je le priai de m'indiquer à quel endroit de la ville je devais m'adresser pour obtenir un billet de courses.

Sa réponse fut superbe de laconisme : — Au

kiosque du boulevard, ou chez Arana, ou aux guichets du Cirque, *pero*.....

Ce pero-là, Madame, c'est notre mais, ce mais insupportable qui arrive toujours à temps pour gâter les meilleures choses.

— Pero? dites-vous.....

— Il n'y a plus de courses à Saint-Sébastien ; il n'y en aura plus qu'à l'autre saison.

— Et à quand l'autre saison ?

— *Ca!* l'année prochaine.

— Mais si je me rendais ailleurs, à Madrid, par exemple ?

— Je ne sais pas ; mais je ne pense pas qu'il y en ait ailleurs plus qu'ici.

— *Gracias.* Je hêlai un fiacre ; un bon gros cocher, en gilet écarlate, approcha.

— Savez-vous le bureau de M. Arana, qui donne des billets pour la course ?

— Si, señor.

— Allons ! en route !

Il partit ventre à terre, je veux parler du ventre des chevaux ; en un clin d'œil, nous fûmes rendus. Le señor était à son escritorio. Je renou-

velai ma demande ; j'obtins la même réponse. De
courses, nulle part !

Je saluai, morne. C'était sérieux cette fois. Inu-
tile de se révolter contre le sort. Je n'étais pas
M. Dumas ; aucun Montes ni Chiclanero ne
viendrait me proposer de donner une course
exprès pour moi. J'avais bel et bien manqué ma
course de taureaux.

Je repartis. Le soir même, à neuf heures,
j'étais à Bayonne ; mais je me gardai bien de
revenir à Saint-Crépin ; j'avais peur d'un éclat
de rire. Le lendemain, j'étais chez moi.

II

UN AN PLUS TARD

II

UN AN PLUS TARD

Ce que c'est que la ténacité ! Quand l'homme veut une chose, et la veut bien... — pardon, entraîné par le souvenir d'une sentence proverbiale, j'allais dire une bêtise, — il n'en arrive pas toujours à bout, mais il en approche au moins de bien près.

Une année, c'est un espace de temps assez long pour changer nos préférences. Hélas ! Madame, le cœur surtout ne les garde pas si longtemps.

Cependant, je vis revenir la saison des vacances avec une satisfaction indicible ; j'étais toujours dans l'intention de repasser la frontière. Cette fois, c'est le 16 août que je pris le train pour Bayonne, et le 17, dans la journée, je me surpris sur les quais de la Nive, flânant comme un Andalou, humant le soleil, regardant filer un trois-mâts vers la barre de l'Adour.

Je n'attendis pas au soir ; à quoi faire ? Madame. Vous ne le devineriez pas, si je ne vous y amenais par le raisonnement.

Eh ! bien, raisonnez un peu avec moi. Quel était le but de mon voyage ? Avoir une course de taureaux. C'est cela que je désirais uniquement. Confrontez maintenant avec ce désir si vif mon désappointement de l'année précédente ; vous saurez combien je tremblais d'éprouver la même déception. C'eût été trop fort, n'est-ce pas ? Pour éviter cette nouvelle surprise, j'avais interrogé deux passants, les premiers venus, et j'avais appris d'eux qu'on se procurait, à Bayonne même, des billets pour le Cirque de Saint-Sébastien.

Je frémis rien qu'à la pensée du danger que courait mon entreprise ; et ce danger était sérieux. Il paraît que l'amphithéâtre contient douze mille personnes. Néanmoins, la veille des courses il ne reste plus une seule place disponible, et il y a, dit-on, autant de solliciteurs.

En fin Gascon que je me crois, j'empochai mon billet dès le mercredi avant le grand jour. Oui, Madame, je l'avais dans ma poche, ce joli billet. Vingt fois le jour je le palpais un peu, je voulais m'assurer qu'il était là. Je ne pouvais pas toujours en croire mes doigts ; alors je voulais voir de mes yeux. Une nuit, que Dieu me pardonne, j'en ai rêvé à en avoir la tête folle ; je l'avais perdu : on me l'avait volé ; il n'avait pas fallu moins d'une vingtaine de coquins pour me désemparer. Ce que j'ai souffert, cette nuit-là ! Mais quelle douce émotion au réveil ! Mon précieux billet, mon billet chéri, flambant neuf, tout rose, était là, sur ma chaise, étendu ; c'était pour le voir le dernier en soufflant la bougie, pour le saluer le premier, au matin, que je l'y avais placé. Je crois que je le baisai deux fois.

C'était donc une affaire sûre, Madame; j'avais ma course en poche, et je pouvais attendre avec sérénité que se levât, sur les monts Ibères, la belle aurore du dimanche.

Avez-vous vu jamais un homme heureux? Madame. Qu'est-ce que c'est, pour vous, un homme heureux? Pour moi, c'est un homme qui n'a pas manqué le train, tandis qu'il craignait d'arriver cinq minutes trop tard. S'il a maintenant cinq minutes d'avance, il faut le voir s'épongeant le front, se promenant fièrement sous la marquise, rasant les portières ouvertes sans daigner s'apercevoir qu'elles sont là, laissant les voyageurs se presser sur les quais, se bousculer sur les banquettes, les conducteurs s'enrouer pour crier le départ. La lourde machine s'ébranle... il ne bouge pas. Voyez-vous, il sait compter jusqu'à cinq; et, ma foi, il s'en faut trois minutes de l'heure réglementaire : le train manœuvre. Voilà; il monte, le train part. Je vous dis,

Madame, que c'est un homme heureux. Pour se le prouver, il s'est amusé jusqu'au moment précis. C'était sa jouissance.

Et moi aussi, j'étais cet homme. Un ange du ciel serait venu m'annoncer que je manquerais ma course, qu'il ne m'aurait pas ému ; je lui aurais montré mon billet, et l'ange, j'en suis sûr, aurait changé d'avis. Moi aussi, je voulus flâner jusqu'au dernier moment. Pourvu que je fusse rendu le dimanche au soir, à quatre heures, j'étais là juste au moment voulu pour assister à l'ouverture du spectacle.

En voyageur prudent, qui a déjà subi les lenteurs espagnoles, je résolus cependant d'arriver à Saint-Sébastien dès le matin, ou du moins par le train de midi. En attendant, j'avais deux grands jours à dépenser. Voulez-vous, Madame, que je vous les conte ? N'ayez plus de souci, vous aurez vos taureaux.

D'un trait j'allai de Bayonne à Hendaye. Là, je me fixai ; j'y établis, comment vous dirai-je pour être modeste, mon quartier-général. Entre l'Espagne et moi, rien qu'un filet d'eau ou bien une charretée de sable : c'est la Bidassoa, fleuve ou désert à ses heures. Vous vous figurez bien cette situation, au moins : en face, mes taureaux ; là où je suis, moi-même avec mon billet. Dès que cela me plaît, rien qu'alors, je fais un pas sur le sable, je saute le filet d'eau, et les taureaux sont à moi. Les trains arrivent de France, courent comme des fous, font résonner le pont métallique comme un tonnerre. Je les regarde voler en riant : ils peuvent courir, ils n'arriveront pas plus tôt que moi.

Pour tuer mon temps, mais de la mort la plus agréable possible, je résolus de passer à Fontarabie.

Que voulez-vous d'abord que je vous dise d'Hendaye ? Madame. C'est une villette un peu espagnole par sa tournure ; ses hôtels ne le sont pas trop, ses hommes un peu, ses femmes beaucoup, son église tout à fait.

Ce que j'aime d'Hendaye, c'est sa plage magnifique. Je doute qu'elle ait sa rivale. Trois kilomètres de rivage que la mer découvre lentement : en face, l'Océan vert, immense, infini, toujours clapotant, toujours murmurant, comme une musique divine ; l'horizon bleu se fondant avec la ligne courbe du golfe ; aux deux extrémités, une falaise majestueuse qui soutient le choc des vagues, toujours emportées sur les bords : on entend sur les côtes leur voix sombre et forte, qu'on prendrait pour le mugissement sec des monstres marins. Tout cela s'agite, se berce, s'élève, se brise sans cesse ; tout cela vit : lassez-vous de contempler ! Splendide mer !

La plage était déserte, et je m'étais couché sur le sable fin, à l'ombre de la digue. Il me semblait que j'aurais dormi agréablement, balancé par le mouvement du flot.

Une chose que vous n'avez probablement jamais vue, Madame, je l'ai vue : la naissance d'une ville. Didon, veuve de Sichée, fuyant la cruauté de son frère Pygmalion, était venue sur les côtes de la Libye demander un asile pour ses Tyriens. Les rois du désert, séduits par sa grâce, avaient accueilli la reine dépossédée, et ses guerriers avaient eu hâte de fixer l'enceinte de la nouvelle cité. Les rues et les carrefours étaient marqués, la place et les jardins publics tracés au centre de la ville, l'emplacement des maisons et celui du temple déterminés. Carthage allait surgir.

Veuillez me pardonner, Madame, ce ressouvenir classique. Didon n'est pas autre chose qu'une femme de théâtre, non pas dépouillée, mais à bout de ressources ; ses soldats se transforment en prosaïques actionnaires, et son temple s'appelle, en français, un Casino. Je ne sais pas encore quel nom porteront ses sujets. Il ne s'agit pas de Carthage, ruinée par les siècles, mais d'Hendaye-Plage, qui est encore à naître. C'est tout de même une bonne fortune que d'assister à ces couches gigantesques de la terre enfantant une ville. Que d'argent, quelles sommes folles avait-on déjà dépensées, rien que pour donner des bornes à la dune !

— « Señor, quiere usted pasar à Fuenterràbia ? »

Ce mot me tira brusquement de mes réflexions ; car je songeais, au milieu de ces pierres, le pied sur cet embryon de ville. Pensez-vous, Madame, qu'il n'y ait que les cités en ruine qui fassent rêver ? Elles sont le passé ; celle-là, c'était l'avenir.

J'avais devant moi un robuste jeune homme, au teint hâlé, aux manches retroussées. Il s'était planté, et il attendait ma réponse.

— Mon ami, lui dis-je, je ne suis pas un Espagnol.

— Mille excuses, Monsieur; auriez-vous plaisir d'aller visiter Fontarabie? Je suis batelier. Pour un franc, Monsieur, je vous passe. Ah! Monsieur, la jolie ville que vous verrez. En dix minutes vous serez rendu.

— Il n'y a donc pas de danger à mener une barque à travers ces bancs de sable?

— Pas le moindre, Monsieur; d'ailleurs, nous descendrons un peu pour trouver plus d'eau.

— A la bonne heure! Allons à Fontarabie. Seulement...

Je crois que j'avais envie de lui fourrer en tête que j'étais une personnalité peu commune, et qu'il lui faudrait faire cent fois plus d'attention à son coup de rame. Il n'entendit pas mon *seulement*, il démarra, et je fus dispensé de commettre une sottise.

La traversée fut rapide, le débarquement assez

laborieux ; bientôt le batelier m'eut déposé très-
proprement au pied d'un petit môle, presque sous
les remparts de la ville. Il reçut sa pièce blanche
et se remit en train d'amarrer la barque. Peut-
être gardait-il l'espoir qu'au retour j'aurais
besoin de ses services.

La première personne que je vis, Madame,
fut un prêtre. Et encore, je fais passer le prêtre
avant, par déférence ; car, ce ne fut réellement
qu'un chapeau. Mais un chapeau !...

Imaginez la chose la plus bizarre, en fait de coiffure ; une chose énorme en longueur, énorme en
largeur, énorme en hauteur : tout un panorama. Et,
dessous, mettez-moi la plus mesquine tête qui se
puisse rencontrer, quelque chose de petit comme
le poing, d'anguleux et de sec comme une momie.
Je m'arrêtai court, et me demandai en punition de
quel forfait ce pauvre crâne avait mérité de porter
un tel casque d'ignominie.

N'oubliez pas, Madame, que j'étais sur la terre
classique de l'Inquisition ; et ce pouvait être un
nouveau genre de torture, plus en rapport avec
les idées de tolérance de l'époque. Bientôt je n'eus

plus aucun doute à ce sujet. Deux autres prêtres, ceux-là grands et gros, dévalaient solennellement la *calle mayor*, ou la grand'rue ; tous deux portaient le chapeau monstrueux. C'était la coiffure d'ordonnance. C'est égal, tout respectueux que je suis des traditions, je fais des vœux pour l'abolition du chapeau ecclésiastique espagnol.

Ces messieurs m'avaient à peine dépassé qu'une nuée de gamins s'échappa des remparts ; il en sortit de toutes les fentes, de tous les amas de décombres, de tous les tas de fumier. Ils m'avaient entouré piaillant leur castillan barbare : « Monsieur, voulez-vous aller à la Guadeloupe ? Je vous accompagne : deux réaux. »

J'avais envie d'arracher une oreille au petit mutin qui me serrait de plus près pour lui payer sa plaisanterie. Vous comprenez, Madame, qu'on ne me propose pas, à Fontarabie, un voyage à la Guadeloupe sans provoquer au moins mon impatience. J'eus cependant assez d'empire sur moi pour dédaigner ces tracasseries puériles ; et je me dédommageai en gardant toute ma monnaie, ce qui ne parut pas du goût de mes gamins.

Et je franchis la vieille porte qui ferme la *calle mayor*. Elle est très-belle, cette rue; je veux dire qu'elle a un cachet d'originalité remarquable. Elle monte à pic d'abord, ce qui est d'un grand avantage pour le voyageur, obligé de marcher lentement, qui peut à son aise admirer des deux côtés. Elle est étroite, cela se devine, puisque Fontarabie est une vieille ville forte : lorsque les anciens traçaient une rue, ils attelaient deux bœufs, et la perpendiculaire de leurs côtes au sol était la limite. Mais elle suffit à donner une idée des villes espagnoles. Ce ne sont pas des maisons qu'il y a sur cette rue, ce sont des palais, *palacios*, et, ma foi, je ne contredis pas trop à cette prétention. Sur toutes les façades vous voyez, brodées sur d'énormes surfaces, des armoiries et des devises.

J'ai remarqué, à droite, en montant, une demeure sombre à faire peur. Le premier étage forme avancement sur le rez-de-chaussée, qui est très-bas. La porte, une porte basse toute ferraillée de gros clous, est ouverte : au fond, on croit distinguer les dernières marches d'un escalier qui descend en biais ; c'est humide, c'est noir, c'est fantastique. Je me demandai quel genre de vivants habitaient là.

Un peu plus haut est l'église, une Sainte-Marie quelconque : elle est écrasée, comme toutes les églises d'Espagne. L'extérieur est de la Renaissance ; l'intérieur en est aussi, malgré l'arête bien sèche et bien marquée de ses ogives. Voici pourquoi je la place, à bon droit, je pense, parmi les édifices de la Renaissance : c'est que tous les cinq ans, au plus, elle se renouvelle ; elle dépouille sa peau enfumée, s'enduit d'une superbe couche de badigeon, ni blanc, ni jaune, et vous reparaît en huit jours aussi coquette que la première cuisine venue, quand on l'a reblanchie. Quel drôle de goût vous ont ces Espagnols ! Qui sait si leur fameux Goya, ce grand brosseur de toiles et de murailles, n'a pas découvert sa vocation en regardant peindre des voûtes à coups de balai ?

Au sommet de la rue, sur la place de la Constitution, et en même temps sur la Bidassoa, s'élève un vieux château, connu sous le nom de palais de Jeanne la Folle. C'est une masse de murailles épaisses, mais délabrées, à plusieurs étages, avec de vastes chambres, auxquelles on accède par un escalier droit, dont la partie inférieure, si l'on en croyait les guides, remonterait à Charles-Quint lui-même. Ils vous disent avec un sang-froid imperturbable : Là vivait la reine, et là vivaient les officiers. Ce *là* est un trou obscur, une cave immonde. Je suppose que ni Charles-Quint, ni sa mère, ni leurs gentilshommes n'avaient des goûts si primitifs.

Sur le haut de la tour carrée flotte la bandera jaune et rouge, le drapeau national. Et de ce point, Madame, on contemple le plus ravissant spectacle : devant soi l'Océan, l'Océan encore, toujours plus beau ; derrière soi, un cirque naturel d'une rare fertilité, fermé par les collines du Labour et les grosses montagnes du Guipuscoa, qui amènent insensiblement le regard aux crêtes les plus hautaines et les plus bleues des Pyrénées.

Au couchant, j'avais remarqué le Jayzquibel, et, sur ses flancs, une église avec sa flèche très-élancée.

— Qu'est-ce que c'est que cette église ? demandai-je à l'enfant qui m'avait suivi.

— C'est, Monsieur, la Guadeloupe.

— Comment ?

— Notre-Dame de la Guadeloupe. On y va faire ses dévotions.

— Ah !...

J'eus besoin, Madame, de soulever mon chapeau et de m'essuyer les tempes, pour me donner une contenance. La voilà donc, la Guadeloupe des gamins de tout à l'heure ; c'est un lieu de pèlerinage. Ce n'était donc pas une plaisanterie ? Que diable aussi avais-je pu songer aux Antilles ? C'était plus que de l'ignorance de ma part : c'était de la stupidité. Et je me battais, sous prétexte de m'éponger le visage. Voilà un de ces cas dont je n'ai pas coutume de me vanter, et que je ne dis qu'à vous, Madame, bien sûr de votre discrétion.

Je descendis, par la rue Marine, vers la partie basse de Fontarabie ; c'est un faubourg construit récemment, qui est venu s'ajouter à l'antique cité. Elle s'est payé le luxe moderne de promenades ombragées, de chalets peints, d'un hôpital et d'un casino, comme une vieille coquette se paie des nœuds de ruban sous la barbe, et s'ajuste une tournure sous l'indienne fleurie de ses jupons.

J'avisai un restaurant, et demandai à déjeuner, mais en maigre. C'était vendredi.

— Comment, en maigre ? s'écria un vieil indigène, qui m'eut l'air d'un brave homme. Vous n'avez donc pas votre bulle ?

— Je ne sais pas ce que vous voulez dire, Monsieur.

— Alors, vous n'êtes pas Espagnol ?

— Non, Monsieur.

— Tant pis !

— Mais voyons, qu'est-ce qu'elle dit, cette bulle ?

— Cher Monsieur, elle nous dispense du maigre. Tous les ans nous achetons notre bulle au curé de la paroisse, et nous n'avons plus à nous occuper du vendredi. En Espagne, personne ne fait maigre.

Je fis une légère moue, et m'assis sans autre façon, attendant qu'on me servît, en gras ou en maigre.

Depuis, j'ai su ce que signifie cette bulle, et je vous le dis, en cas que vous l'ignoriez. Elle est assurément fort commode pour beaucoup d'estomacs. C'est une récompense nationale accordée par les papes au peuple espagnol, en considération de son dévouement à l'Eglise catholique, lors des invasions musulmanes. Il paraît que les Espagnols sont tout à fait en règle par rapport à cet indult : les derniers papes l'ont promulgué de nouveau. C'est l'archevêquo de Tolède qui distribue les bulles.

Un déjeuner espagnol, Madame, est tout un poème. Je vous réserve ces délicates sensations pour plus tard ; car j'aurai à vous parler d'un autre repas cossu, pareil à celui-ci, et dont la description est obligatoire, dans une relation sérieuse de voyage. Attendez-vous à quelque chose de suave, d'alléchant.

Et n'allez pas, pour devancer la jouissance, feuilleter vos auteurs, ceux qui ont écrit sur la matière ; ils ont trop dit, ou pas assez.

J'avais assez vu Fontarabie, petite ville, pauvre je pense, aux rues étroites et sales, aux murs troués par la mitraille, ayant l'air de se laisser crouler sans regret. Et j'avais eu le temps de consulter mon voisin de table, l'homme à la bulle, qui m'avait touché deux mots de l'histoire locale.

Vous jugerez, Madame, de la valeur de ses renseignements d'après celui-ci : Fontarabie, comme son nom l'indique, fut autrefois la première ville des Maures en Espagne. Pour lui, *Arabe* et *Maure* ne font qu'un. Or, Fontarabie, *comme son nom l'indique,* veut tout bonnement dire que la pente de ses eaux est rapide.

Je m'en retournai donc, philosophant, à pied, vers Irun, où je voulais passer l'après-midi. Comme je débouchais de la *calle mayor,* je retrouvai mon batelier. Il me proposa de nouveau sa barque. Je crois qu'il m'insulta et m'appela voleur, parce qu'il ne me plut pas d'en user. Je continuai ma route, et me consolai en disant : C'est un Espagnol.

Je dois avoir négligé de vous dire, Madame, que la journée était radieuse, et le soleil pas trop chaud ; je ne me sentais pas d'aise en cheminant sur la route d'Irun. De temps en temps, je m'arrêtais pour regarder les paysans dans leurs champs de maïs. A la haute mer, ces plaines doivent être submergées ; on a creusé de profondes rigoles pour faciliter l'écoulement des eaux. Dans ce terrain gras, toujours humide, le cultivateur n'a pas de fatigue à subir. Il le fouille avec une espèce de trident de fer, sans manche, qu'il tient des deux mains ; il pousse légèrement du pied, pour le soulever, et la glèbe retombe en s'émiettant. Ce n'est pas un miracle, mais c'est curieux tout de même, et l'on peut bien s'arrêter pour le voir.

Oh ! ce ne fut pas la seule chose curieuse que j'eus à remarquer. J'en rencontrai une autre ; celle-là je la perçus par tous mes sens, et j'en pus jouir un bon moment, sans interrompre la marche. Le char mérovingien d'Alexandre Dumas ! Il était plein... d'or, Madame, à la lettre ; car cela fait de l'or dans les sillons du laboureur, malgré sa forme et ses odeurs actuelles. Je ne résiste pas au plaisir de vous le décrire.

Un bruit étrange, inexplicable, enroué, effrayant et risible me préoccupait l'oreille depuis quelque temps ; on eût dit une multitude de geais plumés vifs, d'enfants fouettés, de chats en amour, de scies s'agaçant les dents sur une pierre dure, de chaudrons râclés, de gonds de prison roulant sur la rouille et forcés de lâcher leur prisonnier ; je croyais tout au moins que c'était une princesse égorgée par un nécroman farouche ; ce n'était rien qu'un char à bœufs qui montait, et dont les roues miaulaient affreusement, faute d'être suiffées, le conducteur aimant mieux sans doute mettre la graisse dans sa soupe. Ce char n'avait assurément rien que de fort primitif ; les roues étaient pleines et tournaient avec l'essieu, comme dans les petits chariots que font les enfants avec de l'écorce de potiron. Ce bruit s'entend d'une demi-lieue, et ne déplaît pas aux naturels du pays. Ils ont ainsi un instrument de musique qui ne leur coûte rien et qui joue de lui-même, tout seul, tant que la roue dure. Cela leur semble aussi harmonieux qu'à nous des exercices de violonistes sur la quatrième corde. Un paysan ne voudrait pas d'un char qui ne chanterait pas : ce véhicule doit dater du déluge.

N'est-ce pas, Madame, que c'est réussi? N'avez-vous pas vu et entendu ce char épique? Vous le devez à Théophile Gautier, qui détache pour vous de son voyage en Espagne les lignes précédentes : je n'aurais pas si bien fait.

A Irun, je visitai quelques rues, toutes en pente très rapide et mal pavées ; la place de la Constitution, avec sa *casa consistorial* ou mairie, son poste de carabiniers, qui me fit l'apparence de la plus carrée de nos gendarmeries, sa fontaine à sec, et sa plantation d'arbres, le tout pouvant me donner l'illusion d'un foirail assez vaste dans un de nos chefs-lieux de canton. Je visitai aussi l'église, une autre Sainte-Marie, celle-là dite du *Juncal*, qui n'est pas plus remarquable que celle de Fontarabie.

En allant et venant, je croisai pas mal de bambins à la mine éveillée, un certain nombre de femmes d'un type commun, et une foule d'oisifs, soldats ou civils, d'ailleurs ayant l'air aussi guerrier les uns que les autres. Je dois rendre justice aux femmes d'Irun. Après quarante ans d'intervalle, il est vrai, si Théophile Gautier avait pu reprendre son voyage, il ne les aurait pas reconnues. Elles portent des souliers, de mignons souliers découverts, voire des bas, d'une blancheur irréprochable. Leurs cheveux ne pendent plus en une longue tresse jusqu'aux reins, mais se tordent au sommet de la tête et se crêpent sur la nuque et sur le front. N'étaient leurs dents jaunâtres (elles fument, assure-t-on) et leur nez trop retroussé, on les prendrait pour des Françaises.

A Irun, fatigué par la course et la chaleur, j'entrai dans une *confiseria* et je demandai un verre de vin blanc, avec quelques gâteaux. Le vin fut passable, mais les gâteaux furent absolument mauvais. Défiez-vous, Madame, de la confiseria espagnole; n'y pénétrez jamais, à moins que vous n'ayez fantaisie d'une brosse ou d'une paire d'espargates. Dans ce cas, vous n'aurez qu'à vous louer de votre pâtissier.

Je rencontrai, là, un diable d'homme qui buvait, lui aussi, pour se rafraîchir, mais se rafraîchissait fort peu. Sa mauvaise humeur en témoignait. Il se répandait en injures dans le français le plus énergique. Je lui serrai la main, moins comme compatriote que comme atteint par la même infortune, et je mis à son service, pour toutes ses réclames et observations, ma science de la langue castillane.

Son front se dérida immédiatement. « C'est cela, me dit-il, fâchez-vous pour moi. Faites bien comprendre à ce señor qu'il n'est qu'un animal, un... qu'il m'a empoisonné ! C'est un assassin. Et que le diable l'emporte, avec sa boutique de cirage et de biscuits en bois ! Dites-lui tout ce qui se peut dire en espagnol. »

Nous sortîmes, sans que j'eusse levé la langue ; et je m'excusai en faisant observer à l'irascible Français que tout cela peut bien se dire en espagnol, mais non pas en Espagne.

A quoi pensez-vous ? Madame. Je vous devine, certainement. Vous pensez qu'il est impossible qu'à Irun, à la frontière même, à cent pas de la France, à Irun, qui tient des succursales de tous les commerces français, qui possède même plusieurs fabriques d'allumettes françaises, on puisse s'échauffer ainsi la bile en français contre un naturel, et n'être pas entendu. A coup sûr notre confiseur comprit bien que son client ne lui demandait pas la faveur de lui baiser les mains ; mais sa pénétration ne poussa pas plus loin. Allez à Cadix, Madame, en face du Maroc : vous pouvez espérer qu'on y entendra votre langue. Mais à Irun ? Ne faites pas ce rêve.

Mon compatriote me proposa, pour me dédommager de mes excellentes intentions à son égard, un tour de promenade sur l'avenue de la gare, laquelle avenue, entre parenthèse, est digne d'une capitale. C'est tout ce qu'il pouvait m'offrir pour l'instant, disait-il, sans courir le risque d'en avoir du remords. J'acceptai volontiers. Il me donna le bras sans plus de façon, et, déjà camarade comme de vingt ans, il me fit son histoire.

Il est peintre, Madame ; j'aurais dû le comprendre à la longueur et aux boucles de ses cheveux, marques authentiques de l'artiste, peintre, comédien ou photographe. L'excentricité de son costume, assez défraîchi, et cet air bon enfant qu'il me serait impossible de vous dépeindre, auraient achevé de déterminer ma conviction. Il rentrait en France, après quinze mois de voyage en Espagne, entrepris par amour de l'art.

Ce qu'il m'en raconta! Madame. Tout cela narré avec une désinvolture telle qu'il n'est pas décent que je vous le rapporte. Il avait mené une vie de bohême, mais de bohême fortuné ; et il avait la commune chance de revenir sans le sou, ce qui d'ailleurs ne paraissait l'inquiéter nullement. Ils sont drôles, ces artistes.

« Il avait vu Barcelone la marchande, la tripotière, l'empestée ; Tortose, qui sent le poisson à trente lieues ; Pampelune, où il pleut toujours, et où Victor Hugo put, néanmoins, attraper la lune dont il avait besoin pour rimer.

« Ah ! Victor Hugo ! je le connais, mon homme. Ce n'est pas lui qui a jamais visité l'Espagne ; ce doit être l'Espagne qui le vint voir dans le plus strict incognito. Elle lui laissa la carte de ses principales villes, avec mention de leurs titres et fonctions, et repartit sans qu'il eût le temps de lier connaissance avec chacune d'elles.

« Madrid a le Mançanarès, dit-il. Il l'a peut-être quand il voyage, mais je vous garantis que, chez

lui, il ne l'a pas du tout. Et s'il n'avait que ça
pour toute richesse, il serait tout à fait à sec.

« Valence a les clochers de ses trois cents églises ; je ne les ai pas comptés, et je ne lui en chi-
canerai pas un seul ; elle a pourtant plus de
renards que d'hommes dans ses murailles. Jamais
je n'ai rencontré de citoyens plus orgueilleux et
plus rusés.

« Cadix a des palmiers, Murcie a des oranges,
Séville a la Giralda, Grenade a l'Alhambra, et
Tolède un alcazar ; çà, c'est vrai. Mais, à Tolède,
il fait toujours nuit, personne dans les rues, et ses
maisons toujours fermées ; elle fait l'effet d'un
cimetière. Séville fume trop de cigares, ce qui
lui donne un faux air de mulâtresse. Grenade s'en
va de partout, et implore un maçon qui la retape.
Murcie sacrifierait ses oranges pour acheter la
paix aux tremblements de terre ; et Cadix donnerait un palmier pour chaque verre d'eau.

« Quant à Cordoue, elle voudrait bien que vous
ne l'interrogiez pas sur le palais des Mores ;
elle en a fait une écurie.

« Je ne veux pas réveiller Salamanque, pour lui

reprocher son pédantisme et ses routes impossibles ; elle a du mérite, celle-là : elle dort sur trois collines, ce qui ne constitue pas une position commode.

« Vous savez, en Espagne, il n'y a pas chevaux fourbus, rien que des andalous ; pas de vilains trous d'auberge, mais partout de délicieuses *fondas ;* pas un bandit, pas une escopete ; pas un muletier rétif, qui vous barre le chemin, et vous procure un coup de pied de mule ; pas un barbier ne vous écorche, pas un tailleur ne vous surfait, pas une sotte ne vous provoque, pas un garçon de café ne vous rit au nez. L'Espagne ! Un essaim de vertus, un ensemble de gentilshommes, un pays de cocagne, une féerie, quoi ! »

Et il riait !

Quel entrain ! Madame. On dit souvent à quelqu'un atteint de parlerie : Vous parlez comme un avocat. On croit avoir atteint le comble de la fluidité verbeuse. Il y a peut-être un verbe supérieur en abondance, ou du moins rival ; c'est celui d'un artiste à bout de plaisirs et d'écus. C'étaient des anecdotes et des plaisanteries sans fin.

En suivant son appréciation, qu'il donnait pour très-éclairée et très-impartiale, un Espagnol et un Français sont deux espèces d'hommes. Pour lui, l'Espagnol serait l'être fainéant par excellence. Un Espagnol est né pour digérer des constitutions ; durant ce travail de son estomac politique, il n'a que trois occupations à soigner : *pelar la pava, tomar el sol* et *humar.* Cela fait, sa conscience est tranquille.

Savez-vous, Madame, en quoi consistent ces nobles occupations ? Vous avez deviné que *tomar el sol,* c'est prendre le soleil ; et, à quiconque vous dirait que le travail n'est pas des plus pénibles, vous feriez observer qu'on y sue quelquefois beaucoup.

Humar, c'est tout bonnement fumer.

Mais *pelar la pava,* le savez-vous ? Moi, je l'ignorais alors. Cette locution, littéralement : plumer la dinde, exhalait une forte odeur de cuisine. Et pour rire un peu aux dépens des cordons bleus espagnols, je priai mon ami d'occasion de m'en fournir l'explication.

« Comment, me dit-il, vous parlez le castillan

comme un véritable hidalgo, et vous ignorez ce que signifie : pelar la pava ? Je ne veux pas vous l'expliquer, mais je veux vous le démontrer. Allons dîner et nous reviendrons passer la soirée ici. Sur les dix heures, je vous promets un régal. Voyez-vous, à ce coin, ce balcon fleuri et voilé comme une vérandah ? J'ai découvert un tout petit mystère, l'autre soir, et j'ai l'intention d'en faire un charmant tableau. Le sujet ne sera pas nouveau, si vous voulez ; mais, bah ! ces sujets-là ne vieillissent pas. »

— Diantre, m'écriai-je ; c'est que j'ai entendu fort mal parler des lits espagnols, et je n'avais pas mis dans mes papiers de les essayer.

— Bon. Et en quoi sont-ils si terribles ? Est-ce que vous vous imaginez qu'il y a des brigands dessous ?

— Non, certes, mais dessus.

— Ah ! j'y suis ; mais pour une saignée, qui vous sera très-salutaire, vous ne manquerez pas de voir comment on plume les dindes en Espagne. A propos, pousserez-vous jusqu'à Madrid ?

— Non, Monsieur, je n'ai pas entrepris de dépasser Saint-Sébastien.

— Alors, vous allez aux courses ?

— Oui, Monsieur.

— Vous verrez du propre, Monsieur ; je vous en félicite. Tâchez seulement de n'avoir pas votre dîner dans l'estomac et de porter un flacon d'éther dans votre poche. Eh ! bien, non, cher Monsieur, vous n'aurez pas souvent, jamais peut-être, l'occasion d'assister à un spectacle comme celui que je vous promets. Vous coucherez ici, et demain vous partirez pour vos courses. Allons dîner.

Il m'entraîna dans une espèce de cabaret, au coin d'une ruelle encombrée de grilles et de balcons. Je me courbai, en entrant, et descendis deux marches. La « table d'hôte » était déjà garnie de chemises noires et de bérets bleus. Nous nous assîmes à une petite table ronde, au fond de la salle, sans rien dire. Une femme sortit de son antre, la cuisinière probablement, vint nous reconnaître et s'empressa de nous servir. Mon peintre ne lui avait fait qu'un signe.

Le cœur me manquait déjà. Lui s'en aperçut.

se rapprocha de moi et me dit à voix basse, en souriant : Avez-vous dîné quelquefois en Espagne?

— Une fois.

— Vous savez donc comment on y dîne ?

— Un peu.

— Alors, je suis content; dans moins d'une heure vous me remercierez de vous avoir mené ici.

En effet, Madame, je ne tardai pas une heure à lui témoigner toute ma satisfaction ; le vin fut excellent, le mouton parfaitement braisé, les pommes de terre frites ne sentaient pas l'huile, et le rôti était cuit à point. La bourse ne fut pas ménagée ; mais, enfin, la délicatesse de nos goûts avait été prise en considération. Je demandai à mon artiste la permission d'acquitter pour deux, ce qu'il m'octroya volontiers, et nous sortîmes.

— Eh! bien, que dites-vous de ma guinguette?

— Que c'est une providence.

— Nous étions chez une Française.

— Ah !

Nous nous dirigeâmes vers la promenade. Déjà

les groupes étaient nombreux. Nous nous joignî-
mes à la foule, allant et venant, suivant le flot :
lui, causant toujours, revenant à ses anecdotes
piquantes ; moi, rêvant à cette dixième heure de
la nuit, qui me donnerait une explication d'abord,
la liberté ensuite, et me permettrait d'aller reposer mes jambes enflées et rompues.

Elle fut longue à venir ; mais elle vint. Les
allées se vidèrent. Bientôt, il n'y eut plus que
nous deux, et nous nous rapprochâmes du bien-
heureux balcon, d'où je voyais déjà s'envoler un
tourbillon de plumes de dinde.

Etait-ce une illusion de mes yeux, facilement
explicable parmi les ténèbres ? Il me semblait que
le toldo, espèce de rideau en forme de tente, flot-
tait, comme si quelque vent de l'intérieur l'eût
gonflé, puis se soulevait sous l'action de quelque
main indiscrète. Bientôt une forme humaine
glissa le long du mur, s'arrêta sous la tente. J'aurais juré que c'était un carabinier, surtout lorsque j'entendis cette ombre fredonner l'air de
Riego, le chant national espagnol. Une autre
ombre se pencha sur le balcon, d'où je crus voir

jeter une corde, et où je crus pareillement voir monter l'ombre d'en bas.

« Voilà comment on plume les dindes, au pays de Don Quichotte : vous avez vu? Ils sont là jusqu'à deux heures du matin. Il ne nous y manque, pour l'idéal du tableau, que « le rayon de « lune auquel s'endort tous les soirs Pampelune ; » mais je l'y mettrai, comme un simple poète. »

L'artiste, décidément athée en poésie, me cracha ce nouveau blasphème contre le divin Hugo, sans broncher, comme un habitué du sacrilège.

« Je vous indiquerai, ajouta-t-il, une maison où vous serez très-bien pour la nuit. Je ne vous parle pas de vous emmener avec moi, parce que vous n'y viendriez pas. Allez vous reposer, bonsoir. Si demain, sur les onze heures, vous n'êtes pas encore parti, nous nous reverrons. Sinon, adieu.

— Adieu, Monsieur, lui dis-je en lui serrant la main.

Le fait est, Madame, que je ne vis rien, que j'entendis fort peu de chose, et qu'il me fallut tout deviner. Vous aurez la scène complète dans Molière, qui fait, lui aussi, plumer beaucoup de dindes au comte d'Almaviva et à Mademoiselle Rosine.

J'étais exténué. J'entrai à la fonda indiquée : on me donna un lit, et je m'y jetai. Y avait-il un matelas ? Les draps et les rideaux étaient-ils propres, ou regorgeaient-ils de poux et de punaises ? Etait-ce une *cama* espagnole, ou bien un lit suffisamment international ? Je serais embarrassé pour répondre ; je dormis comme un plomb. Quand je me réveillai, le lendemain, c'était plus de neuf heures. Ma toilette fut rapide, et je descendis payer ma note. Tout en payant, je parlai de retourner à Hendaye et de courir promptement à la gare.

« Mais il serait préférable, me dit-on, de vous en retourner par Béhobie. Ce sera une promenade agréable ; et vous verrez mieux l'île des Faisans, ainsi que le fort de Saint-Martial. »

Soit ; revenons par Béhobie. En chemin, je me ressouvins de mon artiste ; j'avais oublié de lui demander son nom ; il ne savait pas le mien :

qu'est-il devenu? Une célébrité, peut-être; un mort aussi, peut-être.

Un petit garçon courait après les voitures, sur la route d'Irun; il jetait dedans, avec beaucoup d'adresse, de gentils bouquets de fleurs, et recevait en échange quelque monnaie. Il me tendit une rose magnifique, et, devinant où j'allais, il s'offrit à m'accompagner jusqu'au pont de Béhobie. J'aurais eu grand tort de me priver de ses services, car il m'amusa beaucoup avec son babil; il causa, il chanta, il siffla, il dansa tant que j'en voulus, et le tout pour deux réaux, ou cinquante centimes, dans notre prose française.

Je croyais qu'il allait me conduire jusqu'à Hendaye. Mais, à trois pas de la douane, il me lança à l'improviste son *Vaya usted con Dios,* et fila sur la droite, dans une ruelle, qui avait plutôt l'air d'un fossé. Je le soupçonnai d'avoir eu certains démêlés avec messieurs les carabiniers, et d'être encore avec eux en délicatesse.

Au milieu du pont, je m'arrêtai. Je voulus savourer ce plaisir : n'être un moment ni Espagnol, ni Français. Je n'avais qu'à lever un pied pour anéantir, à mon gré, l'une ou l'autre de ces nationalités. A la même place, le visage tourné vers les sources de la Bidassoa, et seulement appuyé sur mon pied gauche, j'étais citoyen de la République une et indivisible ; j'étais inviolable, insaisissable, échappant à l'autorité de Sa Majesté la Reine de toutes les Espagnes, malgré son robuste soldat, dont le pan de la tunique effleurait mon habit. Appuyé, au contraire, sur mon pied droit, je me donnais l'illusion d'un vrai Castillan, royaliste à tous crins, et cela à la barbe d'une vieille baderne de douanier français, qui se permettait de rire insolemment de mon manège.

Tout en roulant ces hautes pensées internationales, j'aperçus mon *muchacho* de tantôt qui sortait d'un tas de fumier, en costume de parfaite innocence, et se dirigeait vers le fleuve. Etait-ce pour se rafraîchir à une heure assez matinale? Etait-ce pour se laver dans une eau si bourbeuse et si noire ? Je crois plutôt que c'était pour faire une malice aux soldats du poste, et me montrer qu'il violait sous leur nez la défense de se baigner nu. Les gamins sont cosmopolites.

J'avais regardé, en passant, l'île des Faisans ou de la Conférence. C'est là, en 1659, que le cardinal Mazarin, pour la France, et don Louis de Haro, pour l'Espagne, conclurent le traité des Pyrénées, ce traité dans lequel deux habiles réussirent à se tromper l'un l'autre durant quatre mois, et par lequel l'Espagne vendit un peu cher à la France une de ses infantes. Elle justifie assez, par ses dimensions, le mot de Gautier : elle n'est pas plus grande qu'une sole frite. Et, de plus, elle provoque naturellement l'idée d'une belle sole servie sur un long plat d'étain. On avait dû choisir ce lieu pour s'aboucher comme un terrain vague et neutre. Aujourd'hui, c'est l'Espagne qui en a la propriété. On entrevoit la colonne commémorative de la Conférence; mais ce qu'on voit bien.plus distinctement, ce sont des guérites, comme des huttes de canards sauvages, et l'inévitable carabinero qui veille à l'intégrité des frontières, couché à plat ventre sur un lit de joncs et sur sa molle couverture.

Maintenant, de la terre française je regardais Saint-Martial en chemise. Il n'y a pas d'équivoque possible, Madame, je l'espère bien. Saint-Martial est une forteresse rivée au flanc d'un mamelon très-élevé et très-abrupt; mais, comme on l'a blanchi à la chaux, on croirait plutôt qu'on lui a passé une chemise.

Saint-Martial a quelque chose d'assez épais sur sa conscience, et je doute que l'indulgent pinceau des maçons du roi Alphonse l'ait rendu aussi blanc qu'il en a l'air. Il y a quelques douze ans, il lui prit envie de chagriner Irun, sa bonne voisine, et s'amusa, du haut de ses rochers, à éventrer ses maisons, à faire sauter ses édifices, et à bombarder ses habitants.

Et pourquoi? Madame. Voilà; Saint-Martial était Carliste et Irun ne l'était pas. Mais, tous deux ne sont-ils pas Espagnols? Sans doute; mais autre est la question. A cette époque, il fallait être Carliste, puis Espagnol : tout réfractaire était fusillé.

O fanatisme politique! Son premier fruit est la guerre civile, et les citoyens d'une même patrie l'acceptent sans y réfléchir! Pour deux hommes, qui d'ailleurs ne se haïssent pas, qui veulent seulement occuper un même trône, deux villes se mitraillent, deux familles se provoquent à la mort, deux frères s'entr'égorgent! Ni la vue de ces horreurs, ni le souvenir et l'expérience des siècles ne peuvent corriger les hommes. Et qu'on ne me dise pas que la cause de ces abominations remonte à des principes : non, on se rue pour l'homme, et rien que pour lui.

Que valait don Carlos de plus que don Alphonse? Celui-ci était monté sur le trône, et la nation respirait. Mais il paraît que certains principes couraient le plus grand danger; je n'ai jamais su lesquels. Et celui-là, gaiement, au lieu de repasser la frontière, sonna de l'olifant dans les vallées profondes du Guipuscoa et de la Navarre, rassembla ses partisans, et recommença la fête sanglante qu'on appelle, dans certains livres, la campagne carliste. Car, ce fut une fête, croyez-moi, non pour le paysan, qui se résignait à voir fumer sa chaumière, ni pour le simple soldat, qu'on magnétisait par un signe de croix, mais pour le manant, qui se plaisait au pillage et se grisait d'eau-de-vie, surtout pour le noble, qui s'était couvert de galons, et faisait plus efficacement la cour aux manolas aristocrates dont le camp était abondamment pourvu.

J'ai lu, Madame, dans un charmant ouvrage récemment paru sur la ville de Saint-Sébastien, le récit d'une anecdote qui confirme cette mauvaise opinion que j'avais conçue de l'insurrection carliste, grâce aux détails fournis par des témoins et des acteurs. « Don Carlos avait établi une batterie sur la plate-forme de Saint-Martial. Il pointait un canon, quand il s'aperçoit que l'une des dames qui assistaient à l'opération a laissé tomber son mouchoir au pied de la plate-forme. Le petit-fils d'Henri IV saute, le ramasse et revient à son pointage : on n'est pas plus galant! Don Carlos choisit le point de la ville sur lequel doit aller tomber le premier obus. C'est une maison superbe : il la montre à son fidèle ami, Don Tyrso de Olozabal, mon camarade de collège. Tyrso s'incline : le coup part, la maison est en feu. — « C'était la mienne, Sire, » ajoute-t-il en souriant : on n'est pas plus courtisan *. »

* A. PLANTÉ, *Saint-Sébastien.*

Je passai la soirée, à Hendaye, à me promener et à revoir la plage. Le lendemain, de bonne heure, j'étais à la gare.

— A quand le premier train pour l'Espagne ?

— A midi vingt, l'express.

— Merci. Le temps d'aller déjeûner, et je reviens.

A l'heure indiquée, en effet, je filai sur Irun. Là, mêmes incidents et mêmes cérémonies que l'année précédente, même indifférence pour moi, même courtoisie pour ma valise. A deux heures plus une fraction, je remontai en wagon pour Saint-Sébastien. Comme je tenais mon billet de courses à la main, et qu'en ce moment rien ne manquait à ma félicité, je flânai à la portière, ce qui me permit de faire une remarque tout à fait à l'avantage des Basques. Vous savez, Madame, qu'ils ont l'honneur de parler la même langue que nos pères communs Adam et Eve, une langue simple et facile dans laquelle, suivant le proverbe andalou, on écrit *Salomon* et l'on prononce *Nabuchodonosor*: ils en sont légitimement fiers, et quand ils vous l'affirment ainsi, soyez sûre qu'ils ont des preuves.

Or, si vous doutez encore, après leur assertion,
que le brave Adam ait usé de la langue *euscara*
pour exprimer à sa compagne ses premières ten-
dresses, vous ne doutez pas que ce ne soit avec une
pomme qu'Eve ait trompé la confiance de son
mari. Eh ! bien, d'Irun à Renteria, première sta-
tion du Nord espagnol, on ne voit que des pommiers. D'où je conclus que, dans ces vallons même,
a bien pu se passer le drame de la chute origi-
nelle. S'il n'y avait pas de pommiers, je lâcherais
la légende basque. Mais il y a des pommiers ; cela
coupe court à toute hésitation.

A trois heures et demie, j'étais rendu ; je m'ache-
minai vers le Cirque. Tout en courant, je m'aperçus
que le soleil était très-pâle et que le temps avait
changé. Un grand vent soufflait : quel était ce
vent? Madame. Je n'en sais rien. C'est une grosse
question, lorsqu'on tombe tout frais dans une
ville étrangère, que de connaître d'où vient le
vent. Celui qui s'en rend compte est plus qu'un
savant ; c'est encore un homme sans inquiétude :
il n'a pas en tête le souci de voir une course. Et
moi, je l'avais, ce souci.

Bientôt le ciel devint tout noir, et le tonnerre gronda fort. A peine étais-je arrivé sous les arbres, non loin du jeu de paume, que de larges gouttes de pluie, tombant en travers, me fouettèrent le visage. Des zigzags de flamme, des *bouhoums* épouvantables ! Ce fut une averse, une tempête. Et où me réfugier ? Ma position était périlleuse. Là-bas, en face de moi, une grande porte était ouverte ; d'autres promeneurs, surpris comme moi, y avaient cherché un abri. C'étaient cent pas à faire sous un déluge d'eau et de feu ; mais là nécessité ne compte pas. Arrivé là, j'étais trempé jusqu'aux os. Et mon pauvre billet ! J'avais commis l'imprudence de le tenir à la main depuis la gare ; ce n'était plus qu'un vilain chiffon : il me faisait plus de pitié que moi-même.

Une demi-heure après, la grosse pluie avait cessé ; une pluie fine tombait encore, et, contrairement à l'usage reçu, qui ne permet pas à un ouragan de laisser des restes, il fut évident que toute la soirée serait pluvieuse.

— Il n'y aura pas de courses aujourd'hui.

— Allons donc ! m'écriai-je.

— Eh ! non, cher Monsieur, il ne peut pas y en avoir ; ni les hommes, ni les bêtes ne pourraient marcher.

— Mais, voyons, si cette pluie insignifiante allait cesser, pensez-vous que la terre soit tellement détrempée pour que ce soit un empêchement?

— Oh ! cher Monsieur, et les souliers de satin ! Les brillants toreros n'aiment pas à compromettre leurs chaussures. Vous ne courez aucun risque de voir sortir les bêtes ce soir.

Et, pour me convaincre irrésistiblement, on me montra la foule qui avait déjà pénétré aux arènes, et qui ruisselait à nouveau par trois ou quatre escaliers.

J'étais au désespoir. Le ciel lui-même trahissait mes plus légitimes espérances ; c'était à le menacer du poing, ne pouvant le battre de verges.

Nous allâmes flairer à l'entour du Cirque ; mais nous dûmes nous retirer, avec une forte odeur de *toros,* ce qui n'était pas suffisant. On nous affirma cependant que les courses seraient remises au lendemain.

Ce fut un baume pour mon âme irritée ; je

m'en allai paisible. Tout le soir et toute la nuit, il tomba de l'eau. Dès le matin, je courus à la fenêtre pour consulter le ciel sur ma bonne ou mauvaise fortune. Il n'était pas entièrement dégagé; mais, enfin, les gros nuages avaient disparu. Je sautai de joie, et je le bénis à genoux. Pendant quatre heures le soleil triompha; pendant quatre heures je fus un homme heureux : j'aurais certainement une course.

Hélas ! Madame, nouveau tonnerre, nouvel orage, déchaînement de tous les diables joufflus. Il ventait à décorner tous les taureaux de la place ; et l'eau, chassée par le vent, rebondissait furieuse sur les trottoirs.

Le dénouement ne se fit pas attendre : à cinq heures et demie, une voiture publique m'emportait à la gare. Je passai en vue du Cirque silencieux et noir ; je ne me retournai pas. Encore une fois, j'avais manqué ma course. Et pourtant j'avais bien mon billet en poche depuis huit jours.

III

DE BIARRITZ

III

DE BIARRITZ

A deux ans d'intervalle, le goût autant que la
nécessité me ramenèrent vers l'Océan. J'avais
consacré ces deux années à un rude labeur, et
maintenant j'avais besoin d'un peu de repos.
J'allai le prendre à Biarritz. Vous connaissez,

Madame, ce gentil paradis; mais vous rappelez-vous vos douces émotions et vos joies pures? Mettez-vous, à les repasser, le même soin, surtout la même sensualité que moi ?

J'étais donc l'hôte de la grande mer pour un mois. Je ne sais point de quelle manière s'industrient certains voyageurs pour trouver, dans un mois, le temps de rayonner à vingt, trente lieues de leur résidence, et de vous décrire la masse de beautés naturelles rencontrées sur le chemin.

Comment peut-on songer à quitter Biarritz? Comment renoncer à la mer pour la montagne? Ah! non, je n'aurais pas consenti à la perdre de vue.

Je n'étais pas seul, dans ce voyage, comme vous savez, j'étais même en famille; et ces amis entendaient parfaitement mes goûts. Les charmantes baignades, sous l'ardent soleil, dans la vague folle! Les belles après-midi passées à dormir sur le sable, ou bien à y graver quelques vers! Vous me connaissez de longtemps cette manie que j'ai de laisser quelques rimes à tous les rivages. Les délicieuses soirées, accordées à la musique, sur le plateau Sainte-Eugénie, entre la mer d'un côté, et le concert de l'autre!

Je vais assurément vous avoir l'air d'un rêveur, affecté de mièvrerie; mais, quelque air que je prenne, est-ce qu'il peut rien avoir de nouveau pour vous? Est-ce que vous ne savez pas que je suis faible comme un enfant? Rien ne me remue comme les impressions de nuit. Tourné vers le fond de l'Océan, dont le mugissement plaintif couvrait l'orchestre, je ne pouvais me lasser de contempler ces horizons incertains. Là-bas, des peuples et des mondes; par conséquent, des misères comme des joies inconnues. Là-bas, une autre vie!...

Dites-vous cela, Madame, une fois, dans la même situation que moi, et n'ayez point le désir de franchir l'infinie distance pour aller voir cette terre étrangère, voir cette agitation lointaine, voir ces hommes que vous ne connaissez pas, qui rêvent comme vous rêvez, la même nuit, devant le même spectacle, au milieu d'un concert, immobiles sous les étoiles qui marchent, et qui ont le même regret que vous : celui de ne pouvoir vous connaître.

Entre eux et vous l'Océan, gigantesque Cerbère, non pas aux trois têtes, mais aux cent mille gueules béantes, que personne n'apaise, que nul ne corrompt, qui laisse avancer ceux qu'il veut, et qui retient ceux qu'il veut ! L'Océan ! quel vaste abîme de mystères ! quel immense *dormitoire* humain ! Le soir, quand ses colères sont apaisées, quand il est bon enfant, ne semble-t-il pas que des cris de désespoir, des gémissements articulés s'échappent de chaque vague, comme d'une bouche entr'ouverte, et, courant le long des rochers, viennent expirer sur la plage pour vous fendre l'âme ? Peut-être l'Océan lui-même est-il forcé de s'attendrir, et, un moment, il est calme.

L'Océan ! quel est celui qui l'a contemplé une heure, et qui pourra jamais redire tout ce qu'il en a pensé? Pour moi, après quelques instants de tête à tête avec lui, je me sentais tout ému, j'éprouvais de ces frissons tièdes, comme ceux que procurent les demi-jouissances d'un rêve heureux. Et souvent, n'en pouvant plus, je me serrais contre ma voisine, dont le contact et la parole me tiraient de l'extase.

Tenez, Madame, venez avec nous, vers les neuf
heures du soir, au bout de la terrasse de l'Atalaye.
La lune est haute dans le ciel. Voyez devant vous
ces vagues écumeuses qui se gonflent et s'amon-
cellent, voyez ces rochers qu'elles engloutissent
et découvrent tour à tour. On dirait que, du large,
un puissant génie invisible conduit ce troupeau
de blanches cavales, indomptées, qu'il cingle leur
croupe d'un fouet gigantesque, et les déchaîne à
l'assaut, celles-là de la roche, celles-ci de la jetée.
Allons, mes belles ! Et les vagues hurlent sous
le coup, et elles se ruent ; l'énorme masse tremble
sous vos pieds. Elles se sont brisées avec fracas ;
la vapeur est montée à vingt mètres, passant
comme un épais nuage sur votre tête. Allons !
rugit encore l'impérieuse voix du dompteur ; la
lanière a sifflé de nouveau. Et les vagues se
resserrent, reculent le plus loin possible, se
dressent, se gonflent de colère, puis repartent
en poussant des hurlements aigus. Cette fois,
l'élan était bien pris ; elles ont couvert la roche,
elles ont passé par-dessus la jetée qu'elles lais-
sent tout inondée d'écume. Et ces fauves mur-

murent d'aise. Ils vont tourner au bout de la digue, le long de la grande roche, pour regagner le large et recommencer sans cesse leur violent manège. Est-ce beau ?

Au loin, Madame, le calme, le calme plat sur cette mystérieuse surface de l'Océan. Au loin, les phares vigilants, les terres endormies, les étoiles tremblantes. Au loin, l'inconnu, le rêve, le ciel ! Dites-moi si je suis un si inexcusable niais de m'attendrir en face de ces spectacles grandioses, de les chercher, de n'en vouloir point d'autres ?

J'aimais Biarritz ; mais je n'avais jamais pu y vivre si longtemps, ni par conséquent en recevoir tant de jouissances. Que d'impressions recueillies dans mon âme, et qui en ressortiront une à une, à mes heures d'angoisse, pour me rendre le courage et l'amour de la vie ! Que de joies ineffables, que d'intimes épanchements ! Vous seule, qui connaissez Biarritz, et qui me connaissez, pouvez soupçonner ce que je veux dire. Non, je ne l'oublierai pas de longtemps.

Et, qui sait ? Peut-être sera-ce cette plage qui m'attirera un jour, si je dois chercher un isolement tranquille dont j'entrevois la nécessité dès aujourd'hui. Malheureux, je ne le serai jamais ; il n'y a que les coupables et les lâches qui soient malheureux. Mais, sans amis, je puis l'être, même après en avoir eu beaucoup. J'irai donc là, revoir l'Océan, qui m'a distrait, qui m'a consolé, et qui m'a vu heureux pendant un mois. Je m'isolerai avec lui, et je lui redemanderai mes souvenirs.

Si je vous parle, Madame, de mon bonheur intime et de mes jours d'entier repos à Biarritz, c'est pour vous faire entendre que je ne songeais guère à autre chose qu'à prolonger ces délices. Rien n'aurait pu me décider à sortir de mon nid, pas même une course de taureaux, j'allais dire surtout une course de taureaux. En deux ans, les goûts nés de l'amour-propre ont changé. Et mon goût pour les taureaux reposant uniquement sur la curiosité et sur le désappointement, s'était considérablement amorti.

Cependant, c'était la grande préoccupation de Biarritz. Une affiche démesurée, le portrait d'une épaisse maritorne en grandeur naturelle, flamboyait à tous les coins de rue et devant la

vitrine des principaux libraires. Chaque dimanche les trains emportaient des curieux par milliers,
et les voitures à quatre cheveux faisaient queue
sur la route d'Espagne. Cela tentait.

Sur la pancarte coloriée, on voyait la course,
on y assistait. Et comme le taureau ne bougeait
pas, sur le papier, le torero n'avait aucune peur,
et tout le monde, sur les gradins, était rassuré.
Alors on n'avait point de raison pour ne pas
trouver ce spectacle très-beau.

Un soir, que nous étions arrêtés devant l'affiche,
cette réflexion partit des rangs. Par exemple, je
ne sais trop à qui l'attribuer. La plus mutine de
la bande m'accusa effrontément. Entre nous,
Madame, il se peut bien que j'en sois l'auteur;
mais je n'en protestai pas moins. Seulement,
j'avais approuvé la réflexion; je suis très-sûr de
cela. Ce fut l'étincelle qui alluma les poudres.

Avant deux jours, il fallut se décider à reprendre le chemin de Saint-Sébastien, et à voir une
course. On avait lu des livres très-intéressants à
ce sujet; on avait eu sous les yeux des albums
où les passes les plus curieuses étaient représen-

tées; on avait entendu une jolie Parisienne de la maison se vanter qu'elle se paierait une course le dimanche suivant. En outre, nous ne faisions plus deux pas dans la rue, sur le quai, sans rencontrer un groupe d'Espagnols, et sans cueillir au passage le mot significatif : la *corrida*.

Des Espagnols, il y en a plein Biarritz, à la saison des bains; il n'est donc pas surprenant qu'on en rencontre. Mais pourquoi parlaient-ils tout haut, et toujours des courses? C'est qu'à ce moment nous en étions préoccupés, et nous n'entendions que cela de leur conversation.

Impossible donc de résister à l'entraînement général. On prit des billets à Biarritz, le 13 août, et il fut convenu que nous aurions nos courses le 15. C'est un beau jour, le 15 août, pour vous, Madame, et pour moi aussi ; franchement, ce ne pouvait pas être un jour de déception. Il en fut d'ailleurs ainsi; je vous le dis d'avance, le 15 août, nous vîmes une course. La chance se moqua de moi; elle me vint lorsque j'y avais tout à fait renoncé.

Comme j'étais le seul parmi nous qui connaissais la frontière et la ville de Saint-Sébastien, je proposai de partir le matin du quatorze. N'étant pas sûrs d'utiliser nos billets, au moins ne devions-nous pas nous exposer à faire une promenade infructueuse. L'avis fut goûté et suivi. Le **14**, à onze heures du matin, nous débarquions à Irun, où j'étais heureux de présenter mes compagnons de voyage à la douane espagnole, et réciproquement. Ils n'en ont pas rapporté plus que moi une impression favorable.

Nous sortîmes de la gare en quête d'un dîner. Il s'agissait de ne pas trop s'écarter, pour ne pas manquer l'heure du train suivant. En conséquence, nous renonçâmes à descendre à Irun. Nous fixâmes notre choix sur la *Fonda internacional*, située à quelques pas de la gare, et fîmes notre entrée dans la salle à manger, non sans quelque majesté.

Veuillez ne pas oublier, Madame, quoique je ne vous l'aie jamais dit, que nous étions cinq, trois dames et deux messieurs, ce qui est en tous pays un nombre fort respectable, et particulièrement respecté des maîtres d'hôtel.

Ici, personne ne bougea ; on nous laissa pénétrer et nous asseoir, sans nous gêner le moins du monde. On nous aurait laissé sortir avec la même facilité, je crois. Seulement, nous n'avions pas fait à la Fonda internacional l'honneur de notre choix pour en ressortir si précipitamment. Nous voulions dîner. Il est vrai que, vouloir dîner et dîner, cela fait deux, à Irun.

Nous trouvâmes à table cinq ou six autres voyageurs, tous Français, qui, eux aussi, voulaient dîner, paraît-il. Pour le moment, ils se croisaient les bras, bâillaient ou causaient à voix basse, par monosyllabes, comme des hommes qui ont faim et qui s'ennuient. Un seul, le plus favorisé, le moins résigné pourtant, avait une pile d'assiettes devant lui. Ses voisins prétendaient qu'il tenait l'espérance ; nous, nous en étions à espérer l'espérance.

Nous nous exhortâmes au calme. Ma mutine de tout à l'heure, rongée par une faim atroce, cherchait à s'égayer. Elle se pencha vers moi, et me dit à l'oreille : Mais ce n'est pas ici qu'on dîne ; on y lave la vaisselle. Elle affirmait que notre table était un séchoir ; elle me montrait un tas de faïences, un pêle-mêle de cuillers, de fourchettes, de verres, disséminés dans tous les coins et sur tous les buffets. Et elle riait à se tordre.

Mais, j'avais sous la main une preuve convaincante qu'on y dînait. Il y avait, là, un morceau de pain tout grignoté, et, sur... la nappe, eh ! bien oui, je crois que c'était une nappe, une large tache noire, qui était du vin répandu.

« A moins, murmura l'entêtée rieuse, que ce ne soit une tache d'encre versée par le gamin, qui sera venu, tout en déjeunant, griffonner ses verbes sous l'œil attentif de la maman, occupée aux soins du ménage. »

Ma foi, on pouvait réellement s'y méprendre. En tout cas, la plaisanterie m'atteignait, et les lenteurs du service m'exaspéraient davantage. Je me levai pour aller dire son mot au maître de céans. J'enfonçai la porte de la cuisine, ivre de colère, et me trouvai face à face avec une grosse maman qui faisait dîner son gros poupon. Mon visage irrité ne lui en imposa pas ; elle ne se dérangea pas du tout.

—Et nous, lui criai-je dans la plus véhémente des apostrophes, est-ce que nous ne pourrons pas dîner à la Fonda internacional?

— Si, Señor; vous êtes à la fonda.

Voyez un peu, Madame ; j'avais oublié que j'étais à mille lieues de la France, et je m'étais exprimé en français. La dame nourrice crut que je lui demandais si j'avais l'honneur d'être à la Fonda internacional de Irun, et elle me répondit affirmativement. Quant à de l'empressement, pas le moindre.

Comme je me retournais pour sortir, je buttai contre un nez phénoménal, un nez atroce qui me partagea la figure en deux. Je reculai meurtri. « Pardon, Señor, dispensez-moi. » C'était la propriétaire du nez en question qui s'excusait de son mieux.

— Madame, êtes-vous la maîtresse du logis?

— Non, Monsieur, je suis la servante.

— Mais pouvez-vous me garantir que cinq personnes affamées dîneront bientôt, sans risquer de manquer le train?

— Y pensez-vous ? Monsieur ; mais tout de suite. Veuillez entrer à la salle à manger.

— C'est que nous y voilà depuis un bon moment.

— Mille pardons ; vous allez être servis.

J'opérai ma rentrée comme un triomphateur, et je repris ma chaise avec la fière contenance d'un homme sûr de son fait. Et je commis l'imprudence de communiquer tout haut ma bonne fortune.

— Permettez, Monsieur, me fit observer courtoisement mon vis-à-vis, on vous aura peut-être dupé ; remarquez que vous n'avez pas encore d'assiettes.

Si la relation entre ce fait et le dîner avait une importance, la preuve était topique : nous n'avions pas d'assiettes, nous ne dînerions pas. Mais vinrent les assiettes. Je fis un signe à mon obligeant interlocuteur qui voulait lui dire : Vous voyez, nous dînerons. Je fus compris.

— Oh ! pas encore ; avez-vous une fourchette et un couteau ?

Mais, non ; personne n'avait cela. Et nous

attendîmes. Nos faces émaciées n'annonçaient pas des personnes gaies, et nos mâchoires tendues ne nous permettaient pas le rire. Enfin, les fourchettes, les couteaux, les verres, les carafes, tout abonda. Ah !... Cette fois tout le monde avait poussé le soupir ; tout le monde avait cru. Et vous savez, Madame, que la foi est un parfait auxiliaire du courage.

Seul, notre larbin d'en face se mordait la moustache pour ne pas nous rire au nez. Cette façon de narguer nos convictions m'impatienta :

— Quoi ! vous prétendez peut-être que nous ne dînerons pas ?

— Mais, certainement, Monsieur ; vous n'avez pas de serviette.

C'est qu'il avait toujours raison : — Moza, comme qui dirait garçonne, m'écriai-je, une serviette, leste !

J'avais donné l'ordre d'un ton farouche. En deux secondes chacun de nous put étendre sur ses genoux la désirée serviette, pas propre, Madame, oh ! non ; mais, qu'importe, c'était une serviette. Le vis-à-vis ne revenait pas d'étonnement que j'eusse été obéi sitôt : il attribua cet effet à la puissance irrésistible de l'idiome dont je m'étais servi.

—Mais, Monsieur, ignorez-vous qu'on ne vous servira pas encore, si vous n'avez pas pris soin de commander votre menu?

— Comment? est-ce que dans un hôtel, en aucun pays, il faut commander son menu, sous peine de crever de faim, à table même, et quand on a manifesté vingt fois son envie de dîner?

— En aucun pays, non ; mais en Espagne, si.

Ce fut une révélation, non-seulement pour nous, mais pour tous ceux qui attendaient, comme nous, à l'autre bout de la table. Tout le monde s'empressa de commander.

— Moza, criai-je de nouveau, portez-nous tout ce que vous avez, et faites vite.

— Mais nous n'avons rien, Monsieur.

— Vous n'avez pas de soupe ?

— Si, Monsieur, un peu de soupe.

— Vous n'avez pas de poulets ?

— Si, Monsieur, un poulet.

— Il faut deux poulets.

— Bien, Monsieur, deux poulets.

— N'avez-vous pas un peu de veau, un peu de mouton, de la saucisse, des œufs ?

— Nous avons des œufs.

— Eh ! bien, donnez-nous une omelette.

— Oui, Monsieur.

— Du vin, du pain et quelques desserts.

— Bien, Monsieur.

La servante se retira. Je l'entendis répéter mes ordres à sa maîtresse, qui soulignait chaque nouveau plat d'un grognement : — Voilà, ajouta-t-elle, pour une heure de cuisine ; ces chiens de Français sont insupportables.

Oüi, Madame, pour si invraisemblable que cela vous paraisse, cela est vrai. Nous étions à l'hôtel, un hôtel international, c'est-à-dire, d'après l'enseigne, aussi français qu'espagnol ; nous demandions à dîner, nous patientions deux heures, et nous étions des chiens ! Et nous ne trouvâmes rien à redire à cette apostrophe. Vous saurez maintenant qu'un homme qui a faim est capable de beaucoup de résignation.

Le train a plus de deux heures d'arrêt ; l'heure

espagnole retarde de vingt minutes sur l'heure française ; cela vous expliquera que nous ayons pu dîner, en cette mémorable circonstance, et prendre le train.

La señora n'avait pas exagéré ; après avoir longtemps bâillé, soupiré, tourné le pouce, nous vîmes apparaître le pain. Il fut englouti, et nous ne pensâmes à la soupe qu'après la dernière miette. C'était une soupe à l'huile et à l'ail, improvisée à la poële. Ces dames, plus compétentes que moi dans l'art culinaire, en détaillèrent le procédé. Quant à moi, je déclare que l'aspect était horrible, nauséabond, et le goût exécrable. Nous eûmes des piments ! Connaissez-vous les piments ? Ça vous a l'air d'une inoffensive tomate, et c'est infernal. C'est du phosphore. L'omelette aux *fines herbes* était faite avec des œufs blancs ; je le jugeai ainsi, puisqu'elle était blanche. On m'assura cependant que je n'y entendais rien ; c'est qu'on l'avait mal battue. De plus, on s'était servi d'huile de noix, la plus rance qu'on avait pu découvrir. Les poulets furent toujours des poulets ; et, grâce à eux, nos estomacs se sauvèrent d'une crise aiguë. Ah! ces poulets, brûlés, secs, maigres! nul ne songea à s'en fâcher, et l'on mangeait les os. L'eau était passable, le vin détestable; on avait servi une confiture de baies de ronce, ou quelque combinaison de fuschine. Avec un litre, cinq personnes altérées purent apaiser leur soif et laisser la carafe à moitié pleine. On nous avait prévenus qu'il ne fallait pas compter sur le fromage; l'on nous apporta le dessert. Dans un plat d'étain, très-sale, il y avait six noix, deux raisins, trois poires, cinq pêches noires, une dizaine de gâteaux durs, un morceau de sucre et un bouchon. Je n'ai jamais saisi la nécessité du morceau de sucre à la fin de ce dîner pantagruélique, encore moins l'utilité du petit cône de liége. Allez rêver maintenant le classique repas espagnol, avec le puchero solennel et les inévitables garbansos!

Nous avions dîné, vieux style, car je m'aperçois, Madame, que je dois préférer le mot déjeuner, pour être correct. — *Moza, la cuenta!*

La bonne fille partit au galop, feignit d'aller consulter sa maîtresse, ne lui dit pas un mot, et pour cause, puisque la maman était dehors, causant tranquillement, sur la route, avec un carabinero, et revint, la bouche en cœur, ornée du sourire le plus aimable, faisant tinter entre ses dents ces deux mots adorables : *Quince pesetas.*

Vous avez entendu l'espagnol, Madame, j'en suis sûr. Quinze francs ! Cela faisait donc trois francs pour chacun des consommateurs. La consternation fut générale.

Il y avait là un jeune homme, un blond myope, voyageur de commerce, qui avait voulu se payer, disait-il, un air d'Espagne, et, d'Hendaye, il avait poussé jusqu'à Irun. Il trouva que ce droit de respirer lui coûtait trop cher, qu'il n'avait pas mangé pour ses trois francs, et refusa de payer. Sur cette observation charitable de son voisin, que le poste de carabiniers n'était pas loin, il s'exécuta, mais en jurant qu'on ne le reprendrait plus dans ce pays de voleurs. Il siffla sa *Marseillaise* et enjamba la fenêtre.

Nous sortîmes après lui, mais par la porte, nous promettant de ne pas oublier la Fonda internacional ; nous aussi, dorénavant, nous éviterons cette échoppe comme un bois où l'on détrousse.

Notre route jusqu'à Saint-Sébastien fut sans incident ; je crois, d'ailleurs, que notre wagon ne contenait guère que des Français. Impossible d'étudier nez à nez les mœurs de la catholique Espagne : au dire de certains voyageurs, elle ne marche que le rosaire à la main. Sauf une gamine de quatre ou cinq ans, que sa mère, une énorme Basquaise, emmenait aux bains pour une semaine, et qui ne cessait de me pincer le genou, de me taquiner avec son éventail, j'aurais pu faire ma sieste très-commodément.

Je suppose, Madame, mon estomac dans l'état de bienheureuse plénitude ; avec un peu de bonne volonté, la supposition n'était pas impossible. J'avais retourné, à l'usage de mes délicates compagnes, un proverbe castillan, sans rien ajouter ni rien diminuer à sa crudité. *Hacer de tripas corazon* signifie : Faire bon cœur contre mauvaise fortune, mais veut dire plus nettement : Se faire du cœur avec le ventre. Ce n'était ni notre cas ni notre besoin actuel ; voilà pourquoi, sans prévenir de l'inversion, j'exhortai tout le monde à se faire du ventre avec le cœur.

A la gare de Saint-Sébastien, nous traversâmes le quai, au milieu d'un groupe d'officiers, en habit noir, bicorne noir, passementeries d'or, qui attirèrent notre attention. Leur tenue était élégante et leur port majestueux. Commme ils m'intriguaient, j'abordai un oisif, en contemplation comme moi, et le priai de me dire à quelle arme ces officiers appartenaient.

C'est alors, Madame, que je reçus la réponse la plus précise et la plus dégagée qui se puisse donner. Il n'y a qu'un Espagnol qui sache ainsi parler pour ne rien dire. Et mon homme était un pur Castillan, car son premier mot fut celui-ci : « *Soy de Castilla-Vieja,* je suis de la Vieille-Castille, et je suis venu voir la reine. Quant à ces messieurs, ils pourraient bien être marins ; voyez les aiguillettes et la ceinture. Ils pourraient être aussi des administrateurs civils ; je le croirais, à voir leur chapeau et leur épée. Comme je ne suis pas très-fort pour distinguer la fonction et le grade au costume, ils pourraient encore être autre chose. Après tout, ils sont ce qu'ils sont ; je ne sais. »

En lisant cette réponse, cette magnifique amplification du prosaïque « je n'en sais rien, » vous croyez, certainement, Madame, à de l'insolence, et vous vous représentez mon Castillan, gêné par la question, affecter un air ennuyé. Vous vous trompez. Il m'avait pris la main, me la serrait à la briser, et accompagnait ses renseignements du sourire le plus gracieux et de l'inflexion de voix la plus câline.

Nous visitâmes donc Saint-Sébastien, la *perle de l'Océan*. Ce nom est quelque peu prétentieux ; mais il est assez vrai ; car, en Espagne, tout est relatif. Cela ne vaut pas nos villes d'eaux, sous aucun rapport. S'il nous plaisait d'user des expressions amphigouriques de nos voisins, tout le littoral de l'Atlantique serait couvert de perles et de rubis.

Que dirait un habitant de la capitale du Guipuscoa, si je lui chicanais la position de sa merveille, si je lui soutenais qu'elle n'est pas sur l'Océan ? Il croirait que je me moque, parce qu'à la rigueur géographique j'aurais tort.

Saint-Sébastien n'est pourtant pas plus sur

l'Océan que notre Arcachon ; l'une et l'autre ville communiquent avec lui par une baie. Celle de Saint-Sébastien est beaucoup plus petite, et c'est pourquoi on considère la ville comme sur la côte. Mais aussi l'entrée de la baie est tellement étroite et oblique qu'on n'a pas, ainsi qu'à Arcachon, l'illusion de la grande mer, mais seulement la réalité d'un petit lac.

Il est vrai qu'en arrivant à l'embouchure de l'Urrumea, la vague bleue profite de cette échancrure de la falaise pour se montrer. Mais le lit du fleuve est trop ensablé, l'Océan trop violent, pour que Saint-Sébastien, soit pour son intérêt, soit pour son agrément, puisse utiliser ce voisinage dangereux.

Au sortir de la gare, nous n'avions eu qu'à nous laisser conduire par la foule, suivant une ligne de grands mâts couronnés de guirlandes et d'oriflammes. La capitale des provinces basques était en liesse, parce qu'elle possédait la Reine-Régente. Nous traversâmes le pont de pierre sur l'Urrumea, un pont très-beau, Madame, et fait à Saint-Sébastien, sans aucun doute, et nous suivîmes la grande avenue de la Liberté, semée, à intervalles réguliers, de belles verdures et d'arcs de triomphe majestueux.

Saint-Sébastien est une petite ville, en somme, une modeste ville de province ; vous savez quel est le sens que nous attachons à ce mot. Néanmoins, elle est le centre d'une grande animation ; les Espagnols y viennent de tous les points de la péninsule. D'ailleurs, elle est jolie.

Entourée de vertes collines, régulière et presque emphatique dans sa partie neuve, pittoresque dans l'ancienne, avec un fleuve qui a presque toujours de l'eau, une baie remarquable, un port fréquenté, elle possède un ensemble de beautés qui la rendent originale parmi les villes espagnoles, et la font préférer avec raison. Son climat est particulièrement doux, sans avoir les saisons torrides de la côte méditerranéenne.

Je n'ai pas besoin d'ajouter, Madame, puisque j'ai eu soin de vous en prévenir déjà, que la cité basquaise était plus animée que jamais, les cochers plus étourdissants, avec des bérets plus incarnats et des chevaux plus fougueux, les femmes plus élégantes, les hommes plus soignés, depuis que la reine Christine, ses ministres et la Cour y avaient établi leur résidence. Elle ne pouvait que gagner à cette coïncidence, aux yeux des étrangers venus pour la voir et l'admirer.

Toute ville espagnole qui se respecte, qui tranche du grand, et toutes en tranchent peu ou prou, dans ce pays de gentilshommes, a une Alameda et une place de la Constitution. L'alameda est le témoin du progrès dans l'art des promenades ; la place de la Constitution, dans la politique.

Saint-Sébastien a l'une et l'autre. Sa promenade est magnifique de jour et de nuit; mais je préfère le spectacle du soir. Il est plus frais, d'abord; ensuite, le va-et-vient des groupes a quelque chose de plus miroitant, de plus étincelant, de plus féerique. Il y a des globes électriques, aussi bien qu'à Paris, qui inondent littéralement les visages de leur lumière violette.

C'est encore un des mérites très-appréciés de Saint-Sébastien d'avoir beaucoup de promenades, et toutes très-belles. Cela me gagne en sa faveur. Devinez pourquoi, Madame? Je vous le donne en cent. Les faiseurs de statistiques et de rapports moraux, qui établissent des équations proportionnelles entre les hommes et les choses, n'ont peut-être jamais inventé celle-ci. J'en assume, en tout cas, la pleine et entière responsabilité. La richesse et le travail sont à une ville comme le nombre et la beauté à ses promenades. Ce rapport est d'une exactitude irréprochable en ce qui concerne Saint-Sébastien, qui n'a rien de la paresse ni des habitudes molles de ses sœurs du Midi.

Nous débouchâmes sur la baie, que nous trouvâmes délicieuse, toute inondée de soleil, avec ses cabines roulantes, son sable fin, sa vague calme, et nous avançâmes vers le port. En face, se dressaient le mont Orgullo, le bien nommé, et le mont Igueldo, deux géants postés à l'entrée de la baie pour la défendre. Ils ont leur histoire ; peut-être aurai-je plus tard l'occasion de vous en parler.

En attendant, sachez qu'ils sont très solennels, ces monts-là. L'Orgullo, surtout, a du mérite, et l'on dirait qu'il a conscience de sa dignité. A son sommet, il porte une forteresse réputée imprenable ; un peu plus bas, il garde la tombe des meilleurs soldats de l'Espagne, tous étrangers : des Français et des Anglais. Sur ses flancs, il laisse s'étendre et paisiblement reposer la vieille ville qu'il a toujours préservée de la ruine et peut-être de l'infidélité. Saint-Sébastien, en effet, n'a jamais trahi sa foi politique, ni admis dans son sein les fauteurs de la guerre civile.

Il y avait bien, à droite, un palais à façade princière, entouré de jardins luxueux, gardé par des laquais en livrée d'or et d'argent, qui étalait le faste neuf de ses pierres taillées et l'opulence de ses décorations. Mais je ne veux pas vous en parler. On l'aurait pris pour une résidence royale. Non, la Reine habite là-haut, sur la colline devant vous, l'antique manoir des ducs d'Ayete, au milieu de cette épaisse verdure. La splendeur véritable se prodigue moins aux regards. Il n'y a que les courtisanes, de nom ou de fait, qui affichent leurs parures et qui choisissent toujours la situation la plus évidente et le plus clair rayon de soleil. Celui-là, c'était, malgré les apparences, le palais de la misère, la maison commune du vice, du jeu, de la ruine et de la mort. C'était le Casino.

Nous nous arrêtâmes un moment sur le port pour assister à la manœuvre d'un vapeur qui avait eu de la peine à franchir la barre, entre l'île Santa-Clara et la montagne. Il était déjà couvert d'une nuée d'oisifs qui se faisaient traîner sur mer à rien ne coûte. Le soleil était vif, et les marchands d'eau faisaient leurs affaires. « Eau fraîche, comme la neige. »

Respectez ma ponctuation, Madame; elle donne à cette phrase, en apparence irrégulière, une nuance qui n'ôte rien à la comparaison, et que soulignait chaque fois la voix câline d'un gros porteur. Il faut entendre cette voix, et ce langage, car notre français ne vous dit rien, pour saisir tout ce qu'il y a d'insinuant dans ces trois derniers mots : *Agua fresca, como la nieve.* Nous ne voulûmes pas boire de cette neige, parce que nous redoutions les conséquences, et nous quittâmes le port, en nous dirigeant vers Santa-Maria de Asuncion : Notre-Dame de l'Assomption.

Cette église, la principale de Saint-Sébastien, est, pour ainsi dire, creusée dans le flanc même de la montagne. Elle ferme la grand'rue et, pour y arriver, quand on vient du port, il faut monter à pic. Seuls, les premiers étages des maisons d'en face y vont de plain-pied. Sur les rues où nous passons, il y a d'autres rues qui communiquent sans interruption au moyen de ponts suspendus, ce qui n'est pas déplaisant d'abord, ce qui procure ensuite aux maisons l'avantage d'un double rez-de-chaussée.

Le portique de l'église est riche ; la statue de la Vierge m'a paru assez remarquable, et je n'ai rien trouvé à redire aux décors, anges, niches, frises, qui l'environnent. Il ne doit guère avoir plus de deux siècles d'existence ; la façade, comme le monument tout entier, portent évidemment l'empreinte de la main du dix-huitième siècle, durant lequel l'architecture n'a plus de caractère propre, et vit de souvenirs qu'elle n'assemble pas toujours avec le même bonheur. L'intérieur est également assez irréprochable, si l'on tient compte des goûts du pays. On signale avec raison

de beaux autels ornés de rétables de toute magnificence, quelques tableaux, et une tribune très
large, portant sur un côté des orgues qu'on m'a
dit satisfaisantes.

En ce moment, l'église était remplie de fau-
teuils, de prie-Dieu et de tapis. On avait exhibé
tous les dais, toutes les tentures, tous les reli-
quaires, toutes les croix ; l'or et l'argent brillaient
partout. La reine venait y entendre la messe tous
les dimanches ; et, quelques jours auparavant,
on y avait chanté le *Te Deum* en action de grâces
pour l'heureux voyage de Sa Majesté. Ce déploie-
ment de riches étoffes et de tous les instruments
du culte prêtait à la vaste nef un certain éclat
qu'elle est loin d'avoir en toute autre circonstance.

En général, une église espagnole est plutôt
sombre que nette, plutôt sale que bien tenue,
plutôt lourde, massive, qu'élancée. Elle revêt des
caractères particuliers qui la distinguent de toute
autre, et même des particularités très-bizarres.
On y sacrifie le goût, l'art, la décence quelquefois,
pour y introduire, en s'excusant d'une foi plus
vive, le luxe et le réalisme. De bois sculptés, de

colonnes torses, de corniches à tout propos, de
rampes en fer ouvragé, de grilles immenses, tout
cela doré ou peint de couleurs vives, les églises
espagnoles en sont pleines.

Vous y trouverez infailliblement, à tous les
autels, spécialement au maître-autel, une garni-
ture de statues dont on prétend, par le nombre,
faire oublier l'imperfection. Or, tous ces saints et
saintes — mais je ne sais pas bien, Madame, si
vous vous figurez ce chœur; mettez-en un cent,
—ont un costume, qu'ils revêtent aux solennités,
le jour de leur fête ; on leur passe des robes de
soie, des couronnes, des bracelets et autres orne-
ments précieux.

La Sainte Vierge est invariablement déguisée
en religieuse ; mais la couleur varie, en raison de
l'autel et de la dévotion qu'on y pratique. A l'Assomption, elle est vêtue de brocard d'or; à la
Compassion, d'une robe violette ; au Purgatoire,
de velours noir; elle a toujours sa guimpe blanche.

Nous nous ferions difficilement à ces coutumes,
plus réalistes que pieuses, quoi qu'on en dise. Et

je les ai constatées à Tolosa, à Irun, à Fontarabie,
à Hendaye même et à Saint-Jean-de-Luz. Nous
les retrouvâmes, quelques moments après, à San-
Vicente, que nous visitâmes en détail. Cette dernière église est peu remarquable et de beaucoup inférieure à la précédente.

Nous n'eûmes à admirer que l'adresse et le
toupet d'une demi-douzaine d'enfants qui jouaient
à la pelote contre les murs du saint édifice. Leur
adresse est incontestable, Madame ; mais leur
insolence ne l'est pas moins. Au bout de la rue
conversaient deux alguazils ; c'étaient deux mo-
tifs sérieux pour les gamins de n'enfreindre
aucune loi. En face, sur le mur même où rebondissait la balle, était écrit, en lettres majuscules
de dix centimètres de haut : Il est défendu de
jouer à la pelote autour de l'église. Le délit était
patent. Ils se moquaient donc, de la manière la
plus outrageante, et de la loi et de ceux qui
avaient mission de la faire respecter. Ceux-ci
tentent quelquefois de réprimer les infractions ;
mais la bande s'envole, en un clin d'œil, sans
laisser la moindre trace. Maintenant les agents,

dont les sévérités n'ont jamais abouti, feignent de ne rien voir.

Cela me fit songer à d'autres règlements et à d'autres infractions aussi communes en France. Je sais bien, Madame, que si j'avais un mur à moi, ou un coin de maison sur la rue, je tiendrais essentiellement à la propreté. Aussi éviterais-je avec le plus grand soin d'y inscrire aucune défense. *Défense de...* Mais, non, c'est très-maladroit. Voyez-vous celui-ci, et celui-là, et encore cet autre? Ce sera toute la journée ainsi, et, la nuit, ce sera pire. Les uns s'arrêteront pour vexer le propriétaire, les autres pour vexer la police. Les plus inoffensifs auraient couru jusqu'au bout de la rue, si cette défense ridicule ne leur avait pas fait remarquer que, là, il y a un mur propice.

Au détour de la rue qui mène à l'église Saint-Vincent, nous dûmes céder le pas à un régiment de fantassins qui défilaient, musique en tête. Nous le suivîmes. Il nous mena sur la place de la Constitution et se rangea en face de l'Hôtel-de-Ville, où se trouvaient déjà un grand nombre de personnes.

Elle est curieuse, dans ses détails, cette place ; on dirait l'intérieur d'un monastère. On y accède par des rues étroites, aux quatre angles, qui ont l'air de portes. L'Hôtel-de-Ville, siège du conseil municipal et de toutes les assemblées de la province, ferme un côté ; les trois autres sont munis d'arcades et de balcons numérotés. Chaque fenêtre a son balcon et son numéro.

Cette singularité, qui faisait notre juste étonnement, me fut expliquée par un jeune homme dont le père avait, me dit-il, le monopole des illuminations à Sainte-Marie. Il n'y a pas encore longtemps, sur cette place publique on courait les taureaux, et toutes ces fenêtres étaient autant de loges mises à la disposition des abonnés. Le propriétaire de la maison ne pouvait pas se soustraire à l'obligation de céder ses fenêtres : l'autorité daignait lui en abandonner une.

A cette heure, il y avait foule aux balcons, comme en un jour de taureaux. Le régiment avait formé une double haie, de l'une des quatre ruelles jusqu'au bas de l'escalier municipal. J'approchai d'un alguazil, raide comme un Anglais sous

son casque-obus en cuir bouilli, et lui demandai
ce qui se préparait : « Je n'en sais rien, répondit-
il ; il y en a qui affirment que la Reine va venir. »

La Reine ! nous verrons la Reine, dis-je à mes
amis, et nous nous plantâmes sous une arcade,
le plus près possible du passage. Chacun de nous
avait son nez sur l'épaule de deux carabiniers,
qui ne bougèrent pas plus qu'un balcon de pierre ;
en sorte que la Reine devait presque nous frôler.

Entre temps, je réfléchissais au mot de l'alguazil : On dit que la Reine va venir. Mais cela ne
devait pas être incertain. On n'aurait pas dérangé
le 22e de ligne pour un simple on-dit. Etait-ce
un mot d'ordre donné à la police pour dépister
quelqu'un ? Est-ce qu'on redoutait la dyna-
mite ? Le gouvernement n'était pas sans aucune crainte, puisqu'il n'avait pas annoncé la
cérémonie, cependant très-importante. Il avait
dit : Peut-être aujourd'hui, peut-être demain.
Seules, les autorités convoquées pour la présen-
tation officielle connaissaient la vérité. Il avait
dit aussi : A trois heures ; et ce fut quatre heures
passées lorsqu'arriva l'auguste Visiteuse. Il avait

désigné la rue par où déboucherait le carrosse royal ; les soldats s'y étaient massés. Tout à coup, une haie nouvelle se forma à l'angle opposé, et la Reine nous tomba dessus à l'improviste.

Et je pensais, moi, qu'on est bien malheureux d'être grand, d'être puissant, d'être chef de peuple. Il faut trembler à chaque pas ; et l'on ne peut point saluer un homme qui se tient debout devant vous, sans craindre qu'il ne soit un conspirateur. Les rois sont les moins libres des hommes ; ceindre la couronne, c'est renoncer au bonheur, abdiquer la liberté. Comment se fait-il qu'on brigue si fort le périlleux honneur d'être roi ? Après tout, un sceptre si compromettant vaut-il toutes ces guerres civiles, toutes ces trahisons, toutes ces prodigalités, tous ces parjures dont on n'hésite pas à se rendre coupable pour l'acquérir ?

J'ai donc vu la Reine d'Espagne, Madame. Elle n'est pas jolie, mais elle est mieux que cela : elle est très-belle. Ce n'est pas une puérile distinction de mots que je commets ; c'est une réalité saisissante. A mes yeux, rien n'est beau comme le

visage humain quand il réflète de grands sentiments. Or, voici ce que tout le monde pouvait lire
sur cet auguste visage : la dignité calme et
douce, la douleur résignée mais non amoindrie,
la simplicité de la femme, l'intelligence de la souveraine, la sollicitude touchante de la mère. Je
n'oublierai jamais cette noble physionomie, ni la
majesté de ce port, ni la sévérité de ce costume
contrastant avec l'éclat des toilettes et des uniformes de son entourage, ni la grâce de cette tête
qu'elle inclinait pour saluer, ni le charme mélan-
colique de cette bouche qui souriait, ni la distinction de ce geste qu'elle faisait avec la main,
comme pour bénir.

Cette femme est vraiment reine ; je comprends
qu'on l'aime. Et, Madame, cela est vrai ; le peuple
espagnol la chérit. On est bien obligé d'en convenir, puisqu'il l'a adoptée sans murmure, et
puisqu'il accepte sa régence sans distinction d'opinion. On m'a raconté qu'elle a fait de notables
conquêtes dans le parti carliste, parmi ses adversaires politiques les plus acharnés, par la seule
affabilité de ses relations. Ce qui a le plus touché

ses sujets, c'est l'attachement inébranlable que la noble veuve conserve au défunt roi Alphonse.

C'est un spectacle, en effet, bien capable d'attendrir un peuple, que ce renoncement d'une jeune femme à toutes les jouissances de la vie, si faciles à la Cour, en faveur d'un tombeau. Et ce qui rend ce renoncement encore plus admirable, c'est que l'on sait l'étrange situation qui lui fut faite par le mariage. Elle n'était qu'une épouse politique. Elle allait à un mari inconsolable, qui ne put pas lui dissimuler l'amertume de son veuvage, et lui laissa entendre combien lui pèseraient de nouveaux liens.

Héroïque roi, Madame, conscience pure, âme honnête, Alphonse aimait sa cousine Mercédès, qui l'aimait tant et qui lui fut ravie après quelques mois d'union. Il ne pouvait pas abdiquer cet amour, si chaste et si puissant, devant une raison d'Etat, même devant la mort. Il n'avait donc rien, ou presque rien, à donner à une épouse nouvelle.

Femme héroïque, Christine comprit que ce cœur d'époux lui serait toujours fermé, mais elle ne put s'empêcher d'admirer cette fidélité. Elle devina que le roi ne serait jamais son mari comme elle serait sa femme ; c'était l'impossible. Elle pressentit même qu'il mourrait de sa Mercédès. Néanmoins, elle l'aima ardemment, plus que tout au monde. Et si le roi est mort, c'est que le saint amour d'une femme, au suprême degré, ne fait plus de miracles.

Christine se fit aimer d'Alphonse autant qu'il pouvait aimer encore : celui-ci avait coutume de dire qu'après Mercédès rien ne lui était plus cher que sa Christine. Oh ! Madame, qu'il faut être de forte trempe pour ne consentir qu'à des devoirs là où l'amour ne connaît que des droits ! Voilà, à mes yeux, comme aux yeux de l'immense majorité de ses sujets, la splendide auréole de la Reine-Régente.

Mais l'on parle de l'enthousiasme du peuple espagnol. Ah ! non, Madame, nos bons voisins n'y entendent rien. Qu'ils célèbrent leur bravoure, leur fidélité, leur gloire passée, je n'y contredirai que pour l'exagération de leurs discours. Mais qu'ils se proclament ou qu'on les proclame enthousiastes, je me hâte de protester.

Je vous ai dit ce qu'est la Reine et ce qu'on sait
d'elle. Quand elle descendit de voiture, une voiture à quatre chevaux, d'après l'étiquette, elle sa-
lua l'alcade, le gouverneur civil et le capitaine
général, qui l'attendaient sous les arcades. Puis,
elle se dirigea vers l'escalier; la nourrice, qui
portait le petit roi, et les infantes la précédaient.
Elle eut ses massiers d'argent à la cotte de pour-
pre, et ses laquais gentilshommes. On l'honora de
la marche royale, qui, entre parenthèse, ne signifie pas grand chose. Quelques jeunes patriciennes
lui offrirent des bouquets de fleurs. Mais, pas une
salve d'artillerie, pas un coup de canon, pas une
de ces acclamations spontanées et bruyantes que
poussent les multitudes, pas un baiser de femme
envolé des balcons. J'entendis quelques : Vive
la Reine ! vive le Roi ! mais ce furent des cris
réfléchis, mesurés, officiels. Aux fenêtres, l'on
rayonnait, l'on était heureux, mais seulement
d'assister à un spectacle pour lequel on se trouvait
commodément installé. Egoïsme, et non pas enthousiasme. Les abords du palais étaient pleins,
mais la place vide.

Cependant, ce n'était pas une promenade vaine, une simple ostentation de la Reine. Elle venait à l'Hôtel-de-Ville pour y recevoir l'hommage de toutes les députations civiles et militaires des provinces basques. Les généraux avaient endossé leur grand uniforme, cordons et baudriers, et s'étaient constellés de décorations de tous genres. Le gouvernement, la municipalité, le conseil communal, le conseil général, le haut clergé, la magistrature, toute la noblesse étaient là, rivalisant de luxe autant que de courtoisie.

Lorsque la Reine sortit de la *casa consistorial,* elle traversa de nouveau l'avenue de la Liberté pour retourner dans sa demeure. La promenade était remplie de curieux, qui la regardèrent un moment. Mais on ne lui prêta pas plus longue attention, et l'on n'escorta pas la voiture. En même temps passait un picador, qui se rendait aux courses ; et la foule se pressait autour de lui, elle le suivait au Cirque, avide de contempler cette figure basanée, cette peau ridée, ce chapeau gris dont un pâtre, chez nous, ne voudrait pas. La foule courait au plaisir ; à l'opposé, la

Reine, avec ses enfants, regagnait la solitude et le deuil.

On pourrait m'objecter que nous étions dans les provinces basques les plus inféodées au carlisme, les plus réfractaires au principe constitutionnel que représente le gouvernement de la Reine ; que le peuple avait fait ses démonstrations l'avant-veille, à l'entrée de Leurs Majestés. Et je comprends ces raisons, qui sont fort bonnes comme raisons, mais qui m'autorisent précisément à nier l'enthousiasme, qui vient du cœur et non pas de l'esprit.

Il y avait plus que des Basques à Saint-Sébastien. Les Castillans, les Aragonais, les Galiciens n'y manquaient pas ; les Français abondaient. A nous seuls, je pense, nous devions former le tiers des spectateurs qui assistaient à la réception de la Reine. Il y a plus que des carlistes à Saint-Sébastien ; il y a beaucoup de libéraux, il y a des républicains. Il y avait aussi, ce jour-là, des partisans convertis, venus de tous les lieux avoisinants. Il y avait l'innombrable phalange des fonctionnaires et employés du gouvernement, qui ont partout mission de chauffer à blanc la joie des peuples en l'honneur de tous les régimes.

Cette troupe d'enfants qui jouaient à la balle devant la porte de l'église Saint-Vincent, malgré la prohibition municipale, n'étaient probablement ni carlistes, ni républicains. Allez voir qu'en France, à deux pas du carrosse de l'Empereur, ou du Président de la République, ou d'un simple Ministre, vous eussiez trouvé des gamins en congé : tous sur les arbres, ou sur l'épaule de quelque bonhomme en statue, criant : Vivat! à s'étouffer.

En France, quand le souverain est un homme, il rencontre parfois l'opposition, la froideur systématique. Mais, si c'était une femme, une femme comme Marie-Christine, connue parmi le peuple comme la régente espagnole, on ferait des folies. Républicains ou monarchistes se confondraient dans un même sentiment de respect, et le peuple enfant, sauf à trahir plus tard son idole, l'étourdirait de ses cris enthousiastes.

Non, certes, ce n'est pas quatre chevaux qui auraient traîné le carrosse royal jusqu'à la porte de l'Hôtel-de-Ville, mais cent mille bras ; et ce triomphe aurait duré, non pas un jour, mais une semaine, un mois, jusqu'au départ de la souveraine.

L'indifférence qui me glaça le plus fut celle de l'armée. Vous ne le croirez peut-être pas, Madame ; mais, sur le passage de la Reine, nous étions quelques vieilles bêtes de Français qui avions les yeux pleins de larmes. Pourquoi ? Pour rien, ou plutôt pour beaucoup de choses. Il y a de ces émotions qui ne se racontent pas : elles n'ont ni tête ni queue. Eh ! bien, pas un frisson ne courut dans cette masse d'Espagnols qui encombraient les cloîtres de l'Hôtel-de-Ville, je vous l'ai déjà dit. Pas une de ces figures de soldat ne trahit la plus légère agitation ; cependant le soldat n'est-il pas quelque chose du souverain ? Froideur complète.

Il n'est pas beau le soldat espagnol ; je ne parle naturellement que de ceux que j'ai vus. Un masque de geôlier d'inquisition, des yeux caves et cernés, une peau, non pas noire, mais enfumée, comme une souillure de pipe, le dos voûté. Il est petit ; il porte un col blanc qui fait trop ressortir le râpé de son costume et le jaune olive de son teint ; il est coiffé d'un ignoble casque en toile cirée ou en cuir verni : on ne peut rien imaginer de plus disgracieux. Les chefs eux-mêmes, fastueusement vêtus, et de belle prestance, ont l'air tout *chose* sous cette casquette à pompon. Cela s'appelle un *ros,* le ros national : national tant qu'on voudra, mais très-vilain aussi.

Il me semble qu'un peu d'émotion, d'ailleurs bien légitime et très-excusable, sur ces faces ternes, une étincelle dans ces yeux de cadavre, eussent transformé ce régiment ; je l'aurais certainement trouvé radieux et beau, malgré sa coiffure et ses nippes.

IV

A LA COURSE

IV

A LA COURSE

Je ne vous raconterai pas, Madame, comment nous passâmes la matinée du 15 août. J'ai hâte de vous offrir une course de taureaux ; en m'amusant par tous chemins, avec mes descriptions et mes discours, je ne vous l'ai que trop longtemps fait attendre.

La *funcion* ou cérémonie était fixée à quatre heures de l'après-midi. Il n'en était pas trois, lorsque nous nous dirigeâmes vers la *plaza de Toros*. Nous n'étions pas seuls : c'est bien par milliers de têtes qu'il faut compter ce torrent humain qui affluait aux courses.

Le temps était lourd ; en tout autre jour, j'aurais parié pour l'orage. Arrivés sur les allées du Jeu de Paume, comme nous étions suffoqués par la chaleur et par la poussière que nous soulevions en courant, nous nous approchâmes d'une mauvaise guérite dans laquelle une mince grisette, frisée et canonnée à la française, débitait des liqueurs soi-disant rafraîchissantes. Elle nous parut, vu la circonstance, aussi divine qu'Hébé, et nul de nous ne douta que son eau fraîche, *como la nieve*, ne valût tous les nectars les plus olympiens. Avec quelle grâce elle mit la main sur son cœur ! Avec quelle mignardise elle plissa ses lèvres pour sourire, lorsqu'elle nous vit debout, devant sa banquette ! Son « que désirez-vous ? » fut plutôt un soupir qu'une question. En même temps, elle baissait les yeux avec une modestie,

une ingénuité délicieuse; c'était un air de madone
très-réussi.

— *Que quiere usted ?*

— *Bebida fresca.* Un breuvage frais.

Nous offrîmes aux dames un verre d'eau adoucie
par l'azucarillo, espèce de biscuit de sucre. Quant
à nous, pour sauvegarder notre dignité de mâles,
nous exigeâmes de la bière. Est-elle fraîche, au
moins ?

— Assez ; mais, en deux secondes, elle va l'être
comme la neige.

Retenez bien, Madame, le procédé ; car, ce qui
importe surtout, dans les voyages, c'est de recueil-
lir l'utile ; alors seulement on met son temps et
son argent à profit.

Notre marchande ordonna d'un ton sec d'aller
remplir le cruchon à la fontaine. A qui ? C'était à
croire qu'elle osait s'adresser à nous. Nous n'avions
pas encore aperçu une horrible vieille, accroupie
dans une caisse, qui saisit le commandement au
vol et nous partit d'entre les jambes. Elle revint,
en effet, dans deux secondes. La jeune vivandière
versa le contenu de la cruche dans un plat,

y plongea deux fois la bouteille de bière, et nous la présenta aussitôt, en nous disant : *Helada, Señores.* Glacée, Messieurs.

Riez-vous? Madame. A votre aise. S'il ne vous plaît pas d'ajouter foi à l'efficacité de ce procédé, je vous préviens que nous n'y croyions pas davantage. Le fait est que nous crûmes avaler du thé bouillant. Et quel thé! Trois verres d'eau sucrée, et une bouteille de bière exécrable, cela se paie 1 fr. 50, à Saint-Sébastien, aux abords de la *plaza de Toros.* Il est vrai que c'était de l'eau fraîche *como la nieve,* et de la bière *helada.*

Il était encore de bonne heure lorsque nous arrivâmes à la porte du Cirque, par laquelle pénètrent les mortels heureux qui verront les courses du haut des *gradas cubiertas de sombra.*

Je conviens, Madame, que je manque à ma résolution, prise *in petto,* de ne pas hérisser mon texte d'expressions castillanes. D'abord, cela n'a rien d'intéressant, pour celui qui ignore l'espagnol, de rencontrer, à toutes les pages, quelques phrases emmanchées, ou ferrées, ou reliées avec deux ou trois mots incompréhensibles. Ensuite,

cela vous a tout l'air d'être une prétention de
l'écrivain à la pose. Cependant, j'en arrive à une
partie tellement endémique que l'usage de ces
expressions est obligatoire, et l'abus même parfois
réjouissant. Donc, j'en userai et abuserai à ce
chapitre, mais à celui-ci seulement. Je vous
expliquerai, en courant, les termes les plus rébar-
batifs ; si j'oublie d'en traduire quelqu'un, il est
bien entendu que vous devinerez.

Nous eûmes donc les honneurs d'une entrée
spéciale. A quoi tiennent les illusions !

La foule grimpait aux escaliers du dehors, ou
s'engouffrait dans d'obscurs couloirs, au rez-de-
chaussée du Cirque. Nous la suivions machinale-
ment, tenant, comme tout le monde, nos billets à
la main, bien visibles. Tout à coup nous vîmes
venir à nous un gentil miquelete — qu'est-ce que
c'est, un miquelete ? Vous le saurez bientôt — qui
nous sépara du vulgaire et nous montra une large
porte, grande ouverte, exprès pour nous cinq, au
seuil de laquelle il faisait faction.

Je vous le jure, Madame, personne plus que
nous ne la franchit, à ce moment du moins. O

miquelete de mon cœur! pensai-je, à quoi donc as-tu pu deviner toute notre importance? Et nous passâmes, le visage souriant, la poitrine légère, tentés de crier : Vive l'Espagne! La délicatesse du | miquelete nous avait conquis. Dites-moi, Madame, quel est l'homme qui n'adore pas une distinction? En réalité, nous nous l'étions payée, au même prix que douze ou quinze cents autres spectateurs. Et si nous nous étions trouvés seuls, c'est que ceux-ci n'avaient pas jugé nécessaire de se déranger si tôt.

Nous montâmes au premier étage, je crois, et ne nous arrêtâmes qu'au numéro six de la *sombra*. Là, on nous cueillit au passage, et on nous logea sur des banquettes de bois numérotées, étroites et sales. Il y avait déjà deux ou trois mille personnes dans l'amphithéâtre, ce qui nous fit l'effet d'une vingtaine. En attendant qu'il se remplît, nous pûmes à loisir admirer cette belle plaza de Toros.

C'est un cirque parfait, très-haut, et affectant des apparences d'édifice, quoiqu'il soit en bois, et par conséquent très-fragile. Considérant cette masse de planches et de poutres de sapin, et songeant à la foule qui s'y transporterait tout à l'heure, je n'entrevis pas sans effroi le terrible malheur d'un incendie. Mais il paraît qu'un incendie n'est pas possible dans une place de taureaux; c'est un Espagnol, auquel je soumis ma réflexion, durant les courses, qui m'en donna l'assurance. Je ne puis pas trop imaginer sur quoi repose cette garantie. C'est égal ; supposons le cas possible. Dieu du ciel, quelle catastrophe! quel enfer! Douze mille personnes seraient certainement brûlées vives. Car, cela est très-vrai, Madame, l'amphithéâtre de Saint-Sébastien contient douze mille spectateurs.

Peu à peu les gradins et les loges se remplirent ; bientôt il ne resta plus aucune place vide. Que dis-je ? On ne voyait plus qu'une vaste surface en mouvement, une masse circulaire de corps, de têtes, de bras, que pas un intervalle ne coupait. C'est l'épaisseur humaine la plus compacte que j'aie jamais vue.

Quant à cela, Madame, vous pouvez m'en croire, c'est magnifique et imposant. C'est quelque chose à voir ; rien que cela vaut tout l'argent dépensé, toute la peine prise. Ce spectacle dédommage amplement de toutes les déceptions. Sur l'arène, vide au milieu, tombait une plaque de lumière comme un tapis jaunâtre ; et ce reflet indécis donnait assez de jour aux physionomies pour les laisser paraître, et se distinguer, sans les éblouir.

La chaleur était devenue insupportable. Aussitôt surgit une forêt de parasols et d'éventails. Alors circulèrent également, entre les rangs pressés, des espèces de turcs de Séville, glissant avec la fluidité d'un lézard, sans jamais accrocher une robe, ni défoncer aucune poitrine, ni disloquer aucun nez, ni aplatir aucun cor, tantôt sifflant, tantôt hurlant, tantôt roucoulant : *Quien quiere abanicos ?*

Ils vendaient des éventails ; nous nous accordâmes ce luxe de saison pour deux pesetas. Celui que nous manœuvrions était en papier, large de soixante centimètres, et régulièrement enguirlandé de peintures vives représentant une course.

Quand je vous dis, Madame, que le 15 août fut un jour de chance, et pour tout le monde ! Un vent frais se leva, qui fit disparaître au ciel toute menace d'orage, et qui sécha sur nos fronts et dans nos cheveux une sueur abondante. Il fut accueilli avec des trépignements et des cris de joie par toute une moitié du cirque. Il me sembla pourtant entendre, non loin de moi, des murmures de mécontentement. J'eus recours à mon voisin, qui m'en donna une explication, comme il m'en a donné tant d'autres.

Mais, d'abord, que je vous présente mon voisin et mes voisines; je vous conterai ensuite leurs renseignements. Nous étions en avance d'une demi-heure sur les courses. A quatre heures, on annonça que le *señor presidente*, le maire, ne pourrait se rendre que dans une vingtaine de minutes. Je note ce léger détail pour confirmer le mot d'Alexandre Dumas : « On ne fait jamais attendre le public aux courses, » et pour vous prouver aussi, Madame, que nous pouvons causer tout à notre aise, sans crainte de manquer la grande parade, la sortie des acteurs, qui est, dit-on, le morceau du programme le plus saisissant.

J'avais, à ma droite, un tout petit jeune homme, un typographe, si je ne me trompe, Français d'origine et de résidence, mais *aficionado*, c'est-à-dire très-versé dans la tauromachie, et très-assidu à ce genre de fêtes. Il n'avait pas d'autre plaisir ; ce n'est pas lui qui eût fait à la plus brillante étoile des plus brillants concerts, par exemple, l'honneur de dépenser un sou à son occasion. Tous les dimanches, durant la saison, il se rendait à Saint-Sébastien, et il s'était abonné à la *plaza*. Il y venait en costume très-peu recherché ; car, aux courses, on est tout à fait chez soi. Il n'y a de tenue rigoureuse que pour le taureau, son adversaire, et la señorita des loges. Ce qui ne le quittait jamais en cette circonstance, c'était une boîte de cigares et une gourde de vin, qu'il me passa plusieurs fois, l'une et l'autre, pendant la représentation, mais qu'à mon grand regret, et à son plus grand déplaisir, je n'eus jamais le courage d'accepter.

Pourquoi cette boîte à tabac et cette gourde, érigées en indispensable *vade-mecum* ? Pour fumer et boire, pardi ! cela est clair comme le jour.

Ah ! mais non, Madame, ce double accessoire de tout amateur de courses joue un plus grand rôle que vous ne pensez. Quand le torero est bon, quand il est sublime plutôt, quand il exécute de belles passes, quand son coup d'épée est non-pareil, l'amateur applaudit. Il se lève, il se découvre, il crie, il grimace, il s'enivre à sa gourde, et il la jette au vainqueur, avec la boîte à tabac, la canne, le chapeau, les souliers, l'habit... On n'a encore jamais vu l'enthousiasme pousser jusqu'à la culotte, mais tout le monde espère que cela viendra.

Et le torero, ravi, tourne aussitôt autour de l'olive et commence la cueillette des objets précieux. Il retient ce qui lui plaît, et renvoie le reste aux divers propriétaires. Merci ; il doit avoir de la besogne pour ne pas mêler cette friperie. Ce qu'il doit particulièrement honorer de son attention, c'est la gourde. Ah ! c'est un privilège envié que de posséder une gourde dont le bec a reçu le baiser d'un fameux lutteur, d'un *espada* surtout. Celui-ci, s'il est jaloux de sa popularité, a toujours le soin de tendre le cher objet par-dessus le bois de l'enceinte, et de le remettre, avec un sourire, à celui qui s'avance pour le réclamer.

— Voyez, me disait l'intéressant jeune homme, Mazzantini est un ravissant torero; c'est peut-être le plus brillant : il est grand, il est beau, il est brave et adroit. S'il voulait, il serait l'idole unique de l'Espagne. Mais il ne veut pas; il n'aime pas à boire aux gourdes, et il les rejette dédaigneusement, sans s'inquiéter de savoir à qui elles appartiennent. Les Espagnols le détestent.

Derrière moi, j'ai des naturels du pays ; je ne vous dirai pas ce qu'ils font, ni ce qu'ils sont, puisque je ne les vois pas. L'un d'eux a toujours un genou fort pointu ; j'en réponds avec mon échine endolorie. En revanche, je vois très-bien ceux de devant ; je les trouve insupportables, mais à mériter d'être battus.

J'ai entendu dire que le goût du théâtre repose tout entier, non sur une belle musique, sur un beau drame, sur une belle comédie, mais sur de belles épaules. Si les femmes renonçaient à en faire le rendez-vous de toutes les vanités, de toutes les coquetteries, de tous les luxes, et parfois de

toutes les folies, on ne trouverait plus cent musi-
ciens ni cent gourmets littéraires pour une scène,
et aucun directeur ne ferait ses frais. Mais je
suppose que la clarté des lustres, pour si éblouis-
sante qu'elle soit, ne vaut pas le plein jour; je
suppose encore qu'une lorgnette, pour si révé-
latrice qu'elle soit, ne vaut pas un nez à nez,
et qu'il doit rester toujours quelque chose de
mystérieux, de poétique, quelque chose de français, dans ces contemplations indiscrètes.

Je veux bien convenir que nous n'étions pas à
un théâtre, mais sur un amphithéâtre; il n'y avait
ni lorgnettes, ni épaules nues. Au contraire, les
sept ou huit jeunes personnes qui occupaient le
premier rang, devant nous, toutes filles de la noble Espagne, étaient couvertes jusqu'au ridicule.
Elles n'avaient laissé à l'admiration des hommes
que des yeux très-médiocres, un nez généralement plat ou retroussé, une bouche énorme,
qu'un poète eût appelée un écrin de très-vilaines
dents, et un menton quelque peu poilu, juste ce
qu'il est d'usage de laisser dehors, en pays civi-
lisé, pour ne pas étouffer.

Que faisaient donc ces béats, plantés presque sur leurs genoux, affectant de ne voir qu'elles, de ne parler qu'à elles, grimaçant toute sorte de sourires, les enveloppant dans l'abominable fumée de leur cigarette, et leur débitant les plus lourdes fadaises qui se puissent habiller avec une langue ? Cela dura jusqu'à la fin du spectacle, au point que, pour jouir de toutes les péripéties du drame qui se jouait sur l'arène, si nous avions été gourmands de ces sensations, il nous aurait fallu les conjurer de s'asseoir. S'ils appellent cela de la galanterie, je leur garantis qu'ils s'abusent, et je tiens à leur disposition une expression bien plus véritable et tout autant significative.

Revenons à mon charmant voisin de droite. Sans que je vous en reparle désormais, vous saurez, Madame, que c'est de lui que je tiens toutes mes connaissances tauromachiques. Je lui posai fort peu de questions ; mais il était si heureux de causer de taureaux, qu'il n'omit aucun détail, et qu'il parla jusqu'à ce que s'ouvrit la porte du toril.

Vous vous souvenez que j'avais entendu la foule,

divisée comme en deux camps, faire éclater des sentiments très-opposés. C'était un cri spontané de jalousie des deux côtés. Le couchant murmurait, parce qu'il se regardait comme volé ; il avait payé très-cher sa place d'ombre, et lui seul devait avoir de l'ombre et du frais. Et il ne pouvait dissimuler sa rage contre le levant, qui allait, grâce à la brise et aux nuées, partager gratuitement ses privilèges. Celui-ci, au contraire, triomphait et narguait son rival, en lui adressant des sourires significatifs ; il voulait dire : Moi aussi, je serai à l'ombre, et il ne m'en coûtera pas un réal.

Nous nous trouvions parmi les volés ; mais nous ne murmurions pas, car nous avions payé l'assurance d'être à l'abri du soleil, tandis que nos vis-à-vis avaient affronté le risque d'une grillade mortelle durant quatre heures. Le ciel les épargnait ; je ne blâme pas le ciel. D'ailleurs, n'étions-nous pas le 15 août ?

Laissez-moi, Madame, vous décrire minutieusement l'amphithéâtre, afin que vous puissiez mieux suivre, tout à l'heure, avec nous, la sanglante lutte à laquelle vous êtes conviée.

L'arène est circulaire. Elle est fermée par un haut rempart de bois, qu'on appelle l'olive. Il sert à protéger les acteurs lorsqu'ils courent trop de danger. Ceux-ci mettent alors le pied sur la banquette qui contourne la barrière et sautent par-delà. Seulement, ces bonds, qui révèlent ordinairement beaucoup d'agilité, n'ont pas la faveur du public, et un chulo qui en ferait un usage trop fréquent serait inévitablement conspué. On cite, en assez grand nombre, de pauvres diables qui, luttant contre des taureaux mauvais, et ne pouvant se servir de leur expérience, se laissèrent résolûment éventrer pour ne pas subir plus longtemps la bordée de sifflets et d'injures qui les accompagnaient chaque fois qu'ils *prenaient l'olive.*

Entre cette barrière et les premiers gradins règne un couloir assez large, dernier refuge des lutteurs serrés de près, et où se tiennent aussi en permanence, soit les agents de ville, soit les garçons de service. L'olive est percée de plusieurs portes, dont deux correspondent aux deux grandes portes qui s'ouvrent dans la masse des constructions.

Par la première, sur laquelle nous étions placés, sur laquelle trônait aussi un corps de musique, arrivent sur l'arène les combattants, hommes
et chevaux, et tous les éléments de rechange; c'est
encore par elle que s'en vont toujours les bêtes
et les hommes blessés ou morts. La seconde,
située au-dessous de la loge présidentielle, est
exclusivement réservée au taureau vivant; je
n'ajoute pas qu'on l'ouvre avec infiniment de
précautions.

Les spectateurs se placent sur des gradins en
pierre ou en bois. Mais il faut d'abord établir une
première division. Coupez le cirque en deux,
Madame, et vous aurez l'*Ombre* et le *Soleil*. Au
même degré, la même place change de prix,
suivant qu'elle se trouve dans l'une ou dans l'autre de ces deux moitiés.

Immédiatement au bord du couloir commencent les places dites de *barrière*; elles sont sui-
vies des *tendidos* et des *tabloncillos*, qui s'élèvent
un peu plus, s'éloignent du danger, et coûtent en
proportion. Mais, toutes sont entièrement décou-
vertes et exposées à l'inclémence de l'air. Après

le tabloncillo viennent ce qu'on nomme d'un terme
générique : *las gradas cubiertas*, parce qu'elles
sont couvertes par les loges, et qui se subdivisent
en places de devant, du centre et du mur. Maintenant vous pourrez, Madame, clairement épeler
la place que nous occupions ; c'était *un asiento
de centro de grada cubierta de sombra.*

Sur nos têtes sont les loges ou balcons : celles-
ci, propriété d'une famille, d'une corporation ;
celles-là, ouvertes aux abonnés individuels ou
par groupes. Ce sont les places de choix ; elles ne
sont pas toujours complètement garnies, parce
qu'il faut les payer trop cher. On m'a dit qu'il y
a beaucoup d'autres raisons pour expliquer ce
vide. Une demoiselle, par exemple, qui n'aura
pas reçu de Paris sa nouvelle toilette, s'abstien-
dra de paraître, parce qu'elle serait trop remar-
quée et que son amour-propre en souffrirait. Je
ne vous dis pas les autres, Madame ; ce sont toutes raisons de même ordre.

Ce jour-là, les expéditions avaient dû être faites en temps voulu, car les loges étaient au grand
complet ; et la plupart semblaient un vrai nid de

mousseline, de faille, de soie crème ou rose, dans lequel se mouvaient de très-jolis visages.

Une de ces loges est affectée au gouvernement; deux autres, aux *bandes* musicales. J'ai beaucoup admiré la *banda de los miqueletes*. Ils jouaient fort bien; mais ils étaient encore plus beaux hommes qu'artistes. On n'aurait pas cru voir une loge, mais plutôt une grenade entr'ouverte qui s'empourprait au soleil couchant.

Que sont les miqueletes? Ce sont des soldats, Madame, de vrais soldats, qui ont fait la guerre hier, qui la feront demain. Ils sont Espagnols, mais ils ne veulent pas l'être; ils n'appartiennent pas, et ils ne veulent pas appartenir à l'armée espagnole. C'est la milice volontaire des provinces basques, un bataillon des armées d'autrefois, qui a survécu aux révolutions, et qui se recrute à la vieille mode, dans la montagne. Ils font le service militaire par vocation. Leur costume est agréable; au lieu de l'infâme *ros*, ils se coiffent d'un élégant béret; au lieu de la tunique râpée, ils se drapent dans un large manteau bleu, qui leur descend jusqu'aux genoux, qui se plisse à la cein-

ture et qui se complique, sur les épaules, d'une
pèlerine de même étoffe et de même couleur. Oui,
le miquelete est un joli soldat, tout en étant un
brave soldat.

Mais il est carliste, à peu près toujours ;
aussi n'est-il pas le soldat préféré du gouvernement. La bonne Reine-Régente a eu, touchant les
miqueletes, une excellente idée, qui l'honore, et
qui dénote en elle, avec un grand cœur, une profonde science de la politique. Tout le temps
qu'elle habitera Saint-Sébastien, la porte de sa
maison ne sera gardée que par eux. Jugez s'ils en
sont fiers ; ils la garderont comme leurs yeux.
Depuis la dernière guerre civile, les provinces
basques sont soumises à l'impôt du sang. La
conscription dévorera la milice volontaire ; peu
à peu, le miquelete disparaîtra, et ce sera dommage.

Je vous ferai observer, Madame, que la loge du
gouvernement ne contient aucun membre de la
famille royale. La Reine n'aime pas le jeu sanglant des courses. Elle a fait à son peuple d'adop-
tion tous les sacrifices, excepté celui-là ; je ne

dis pas que l'Espagnol ne lui en garde pas ran-
cune. Moi, je la félicite de son courage, autant
que de son horreur instinctive de la boucherie;
et peut-être, avant qu'il soit peu, vous-même,
Madame, l'en féliciterez pareillement.

Voilà donc le cirque, c'est-à-dire tout ce qui
en paraît. Mais il existe, sous nos pieds et derrière nous, des lieux non moins intéressants à
visiter.

Ici, est une chambre à demi obscure, avec deux
lits, quelques chaises, une table, des provisions
d'eau, du linge, de la charpie, une pharmacie, enfin; debout, et fumant son cigare, vous aperce-
vez une vieille redingote : c'est un médecin. A
côté, dans une autre chambre, transformée en
chapelle, près d'un autel paré d'une statue de la
Vierge, un prêtre en surplis lit attentivement
dans son livre de prières.

Avez-vous compris ? Ce sont les précautions
de la mort. Le prêtre et le docteur sont là, pour
le cas où il plairait à la bête de fouiller le ventre
de l'homme afin de s'assurer qu'il a une âme. Si
la blessure est grave, le premier confesse et ad-

ministre le mourant ; si la blessure est légère, le second panse la plaie.

Tout est prévu, dans ce jeu barbare ; et si vous me suiviez quelques pas plus loin, vous trouveriez un abattoir pour les taureaux égorgés, un charnier pour les chiens et les chevaux crevés, même une salle de pansement où l'on rentre les boyaux, où l'on bouche les trous, avec des chiffons ou un torchon de paille, aux chevaux qui ne sont que décousus et qui doivent soutenir un nouvel assaut. Enfin, il y a l'étable, *l'encierro*, où l'on enferme les taureaux de la course.

Comment s'y prend-on pour amener jusque-là ces animaux indomptés ? Ce n'est rien de bien commode précisément ; mais, avec de l'adresse, et grâce à d'autres bœufs exercés pour cet effet, qui servent de guides, on parvient, sans trop d'accidents, à conduire les fauves à l'abattoir.

Que je vous donne en même temps, Madame, l'explication de la *ganaderia* et de la *tienta*. Le taureau naît, grandit et parque en plein air, sous la surveillance de quelques vachers ; à la tête de ceux-ci est un maître-vacher ou *mayoral*. Ces

robustes paysans n'ont, pour discipliner leurs bêtes, qu'un manteau, une pique et une fronde. Ils
n'obtiendraient pas un grand succès, sans les
bœufs dociles dont je vous ai parlé, qui s'en vont
de tous côtés branlant leur clocheton de cuivre,
qui entourent le taureau rétif, et font à l'homme,
en cas d'attaque, un rempart de leur corps. Ces
vastes pâturages, où vit en liberté tout ce peuple
de bêtes, s'appellent des *ganaderias*. Naturellement, tout le monde ne peut pas en tenir ; car elles
exigent beaucoup de frais et supposent une
fortune considérable.

Il arrive un jour où les jeunes veaux révèlent
leur férocité et leurs aptitudes à la lutte ; c'est le
moment de les essayer. C'est ce genre d'épreuve
qu'on nomme *la tienta*. On organise donc une
sorte de chasse, une battue, durant laquelle tous
les invités peuvent courir le taureau. Si la bête
résiste, si elle se révolte, si elle menace les provocateurs, elle est réputée bonne pour la course.
On la marque, c'est-à-dire on lui grave sur la
croupe, avec un fer chaud, la marque distinc-
tive de la ganaderia à laquelle elle appartient.

Désormais, ce n'est plus pour elle qu'une affaire de jours : prochainement elle ira récréer les oisifs de quelque ville importante, et y mourir, pour récompense.

On ne fait voyager les taureaux que la nuit, et on les enferme par groupes ; ce n'est que dès le matin de la course qu'on les sépare. Sans cette précaution, il serait très-difficile de les faire sortir de *l'encierro* un par un et dans l'ordre voulu par les règles de la tauromachie. On engouffre chaque bête dans sa cellule, *un chiquero*, espace étroit et privé de lumière. Les amateurs ont observé qu'ayant ainsi tout un jour à cultiver leur rage, elles apportent au combat des garanties précieuses de férocité. Il faut, en effet, que les plus pacifiques sortent affolées de cet aparté.

Il y a de ces taureaux que les *aficionados* embrasseraient, si cela se faisait, tant ils sont fiers d'eux. Ils acclament le taureau *brave*, parce qu'il attaque avec furie, surtout s'il est *dur*, s'il est *collant*, c'est-à-dire s'il ne compte pas les coups, s'il éventre beaucoup de chevaux, et s'il s'acharne sur ses victimes. Ils bayent d'aise devant le taureau *rusé* qui cherche à surprendre son ennemi. Ils sont impitoyables pour le *fuyard*, cette pauvre bête qu'on a criblée de coups de pique, et qui ne veut éventrer personne, qui s'éloigne au contraire de ses provocateurs, comme pour se demander pourquoi l'on veut tant qu'elle soit féroce.

Le premier adversaire du taureau, c'est *l'espada*. Un homme, jeune ordinairement, vigoureux, agile, rompu à ces jeux pleins de dangers, qui a tué plusieurs taureaux sur deux ou trois places célèbres, à Séville principalement, qui a étudié les règles et sait à fond tuer sa bête avec art, reçoit la permission de tuer pour son compte, prend une épée et se nomme *espada*. C'est le torero par excellence; c'est le roi des courses; on peut dire que c'est lui qui les donne.

Cependant, il ne les donne pas seul; il s'en garde bien. Il se choisit une *cuadrilla*, une compagnie de subalternes à ses gages, qu'il commande en maître souverain. Ce sont d'abord des *picadores*, qui montent à cheval, s'arment d'une longue pique et commencent à taquiner le taureau;

puis les *banderilleros,* deux ou trois combattants chargés d'agacer la bête pour le second quart d'heure, et de lui planter aux épaules des tiges de bois armées de crampons de fer. Ce sont encore des *chulos,* des comparses, qui occupent les entr'actes, qui font voltiger la *capa* ou manteau rouge, pour tromper le taureau et le détourner de ceux des lutteurs qui courent un danger sérieux. C'est, enfin, un homme noir, le bourreau de la troupe, qui n'a d'autre arme qu'un poignard très-court : il ne paraît qu'au dernier moment, pour frapper les bêtes à la nuque et terminer leur agonie. Cela s'appelle *un cachetero.*

L'espada est un peu notre comédien français, quant au personnage social. Il a son importance, sa vogue, sa popularité ; il est quelqu'un, sinon quelque chose. Presque toujours il est millionnaire, très-infatué de sa personne et de son talent, et assez souvent amoureux ; il n'est même pas rare qu'il ose lever les yeux sur quelque dame de distinction, qu'il a l'impudence de désigner au public, un jour de courses, en lui *offrant* un taureau. Il a un costume de ville et un costume de cérémonie : à la course, velours fin, or ou argent, bas de soie, souliers de satin, culottes courtes, toque noire ; en ville, veston court, ceinture en crêpe de Chine, chapeau mou, boutons d'or, canne de jonc à poignée d'ivoire. Mais ce qui les distingue toujours, c'est la *coleta,* une petite queue fort ridicule, qui leur pend sur la nuque, et qui est faite de cheveux tressés.

Je ne vais pas vous décrire, Madame, les différentes passes ou *suertes ;* je n'y ai rien compris. Il paraît que l'arène est un royaume à deux monarques, l'homme et le taureau. Les connaisseurs emploient le mot *juridiction,* et lorsqu'ils voient l'adversaire empiéter sur le terrain ennemi, ils disent qu'il usurpe la juridiction. Soit : dans cette moitié de lune, on relève des cornes ; et dans cette moitié, de l'épée ; partout de la mort. Le taureau ne court pas, il *voyage ;* il ne baisse pas la tête, mais il *humilie.* Il y a là toute une langue à apprendre et à retenir, quand on veut devenir *aficionado.* Ce n'est pas mon envie, et ce n'est pas la vôtre ; donc, assez de termes spéciaux. D'ailleurs, je n'ai plus le temps de causer. J'ai reçu dans les flancs un violent coup de coude, qui a interrompu la conversation déjà longue. Cela signifie : attention !

La porte du toril s'est ouverte... Calmez-vous, Madame, mon cœur est moins oppressé. C'est tout simplement une mule qui traîne un *servicio municipal* d'arrosage ; on mouille le sable pour éviter la poussière. Merci.

Maintenant la fanfare entonne une marche très-brillante. On me dit de me pencher ; je me penche. C'est Monsieur l'Alcade qui s'est montré au balcon ; et la foule le salue par des hurlements qu'on m'assure être une explosion de joie. Vive l'Alcade !

Un superbe mousquetaire, feutre à larges bords, à grands panaches, blanches collerettes, culotte courte, épée au côté, fait piaffer son cheval au milieu de l'arène. Il fait le grand tour, se dirige lentement vers la loge présidentielle et salue l'alcade. On me dit qu'il sollicite la permission d'ouvrir la course ; en effet, ses lèvres semblent remuer. La fôôrme ! recommande Brid'oison. Sur les cinq heures, quand le spectacle a trois quarts d'heure de retard, il ne faut pas négliger d'aller demander l'autorisation de commencer.

Le président n'a pas dû la refuser, puisque tout à coup, aux accords plus joyeux des trompettes, l'alguazil reparaît, suivi cette fois de toute la troupe. Elle est très-belle, Madame, cette exhibition de costumes riches et élégants. D'ailleurs, ces Espagnols ont de la pose ; ils défilent crânement. Et ils le savent, car ils appellent ce préambule de la cérémonie : *el paseo*, la promenade.

Entre deux *picadores* à cheval, s'avancent les deux espadas : Frascuelo, la première épée de l'Espagne, et Lagartijo, la seconde probablement. L'épée des plus vaillants maréchaux passe toujours après, dans l'estime publique. Suivent en ligne, chacun derrière son maître et à une distance calculée, six banderilleros, autant de chulos, un nombre satisfaisant de seconds et de valets. Jusqu'à l'homme noir, le sinistre cachetero, qui assiste à la parade. Tous s'arrêtent devant la loge du président, lui font une révérence profonde, et se dispersent dans la place.

Les picadores se sont reculés vers la gauche, à

vingt pas l'un de l'autre ; ils ont collé la croupe de leur monture à la barrière et ont reçu chacun une pique des mains d'un valet.

Pendant ce temps, l'alguazil est demeuré sous le balcon, le chapeau à la main. Un flot de rubans tombe de là-haut ; il avance pour le saisir et le manque. C'est la clef du toril ; un garçon l'a déjà ramassée. La galerie éclate en sifflets. Et lui, très-pâle, éperonne son cheval et se précipite vers la seconde porte. Il avait raison de se presser : à peine a-t-il franchi la barrière que le taureau paraît à l'entrée de l'arène.

C'est une jolie bête, Madame ; il doit être très-fort, car son cou est bien pris et ses jambes très-déliées. Le voilà en arrêt. Il lève son museau, ébloui par la lumière du jour, assourdi par le bruit des fanfares et les cris de la foule ; il promène ses cornes effilées, il hésite ; il ne se reconnaît pas.

Tous les bruits ont cessé ; la foule est attentive. Les prunelles de la bête se dilatent peu à peu ; elle commence à voir. Un picador a remué. Le taureau part...

Oh ! Madame, j'ai vu et entendu. J'ai vu deux cornes s'enfoncer dans le ventre du cheval, et j'ai entendu ce *vrouf!* qui l'a décousu. Le cheval est par terre, sur son cavalier, qui lui ramène la tête sur son visage, pour se protéger. Le taureau ne le lâche pas ; il colle, celui-là. Il fouille ces entrailles pantelantes ; il est là, l'épaule ensanglantée, remuant sans cesse. Le public est satisfait.

Voici un chulo, envoyé par l'espada qui dirige la course. Il agite sa capa rouge devant la bête, qui se précipite aussitôt. L'agile garçon, serré de près, a fait un bond par-dessus la barrière, et la corne du fauve heurte le bois avec un bruit sec. Mais, en se retournant, il a aperçu l'autre cheval. Le picador l'attend, sa pique en arrêt.

Un moment l'énorme bête se ravise. Elle regarde cet aiguillon avec curiosité et défiance. Elle secoue ses épaules ; elle ressent encore la cuisante piqûre du premier adversaire, et il lui fait peine d'en affronter une autre. Mais le picador a éperonné sa monture, qui fait seulement deux pas. Le taureau croit à une provocation. En un clin d'œil, il a franchi la distance.

C'est horrible, Madame! Je n'ai pas eu le temps de me cacher derrière l'éventail de ma voisine, qui n'en sort plus la tête. Niais ou non, j'ai senti le cœur me manquer, les cheveux se dresser, une sueur froide me courir dans le dos. Je vais me trouver mal.

« C'est fini, me dit mon aimable compatriote, qui comprenait mes répugnances, sans les partager. Vous pouvez regarder. »

Je puis regarder, en effet; deux chulos amusent le taureau dans sa juridiction. Au pied du balcon présidentiel, le dernier cheval agonise; il a deux trous au poitrail. Quand le taureau l'a frappé, la pauvre bête s'est dressée sur sa croupe, raidissant ses jambes de devant, puis elle est retombée comme une masse sur le sable. Son cavalier s'était dégagé.

L'un et l'autre picadors sont déjà remontés; c'est donc la même scène affreuse qui va recommencer. Cette fois, je m'obstine à ne pas quitter mon éventail. J'entends les chocs sourds et mous qui annoncent la nouvelle victoire du taureau, et les hurlements de la foule qui fait passer cela pour des applaudissements ; elle applaudit au massacre des chevaux, elle en demande d'autres encore. Et le président, généreux, daigne en accorder deux de plus qui, dans quelques minutes, gisent éventrés.

— Voyez donc ! s'écrie mon voisin, oh !...

Ce cri d'enthousiasme m'enlève ; je regarde. Et je vois, au fond de l'arène, le taureau, qui a pour ainsi dire toute la tête plongée dans les flancs d'un cheval, et qui, ne pouvant ou ne voulant pas s'en dégager, soulève monture et cavalier à plus d'un mètre au-dessus du sol, les secoue brutalement, et finit par les jeter l'un et l'autre sur la barrière, où le picador s'est au moins cassé les reins. Puis, il s'en va courir les chulos, par manière de distraction.

Le pauvre cheval, dont les entrailles ruissellent jusqu'à terre, entreprend alors une danse folle autour du cirque. Ce galop saccadé a quelque chose d'émouvant. Mais les amateurs du parterre se tordent de rire ; ils plaisantent sur la longueur des tripes ; ils demandent qu'on les lui coupe pour en faire un présent à Monsieur l'Al-

cade. Les plus humains veulent qu'on les lui rac-
commode. Le meilleur de tous est encore le taureau, qui regarde un moment sa victime, en a
pitié, fond sur elle, et l'étend raide d'un coup de
corne.

La fanfare joue ; le président a donné le signal
du changement d'exercice, en agitant son mouchoir blanc. Les picadors passent dans le couloir.

D'instinct, la bête sauvage a deviné qu'on lui
prépare de nouveaux ennemis ; elle s'est plantée
au milieu de l'arène. Elle promène ses yeux féroces de droite à gauche, des chevaux morts aux
chulos immobiles, de bas en haut, des combattants aux spectateurs. Elle attend, sûre de sa
force, défiant tout le monde. Cependant, trois
raies noires souillent son poil, depuis l'épaule jusqu'au jarret : c'est le sang qui a jailli sous le fer
du picador. Elle n'en est que plus furieuse.

Voilà ! Le taureau est parti... Il revient en se-
couant deux flèches de bois que le hardi banderillero a réussi à lui fixer au cou. En face, un
second l'attend, qui lui en inflige deux autres ;
puis un troisième, qui obtient le même succès.

La rage aveugle le taureau ; je le présume ainsi, car il va, il vient sans voir personne ; il n'atteint personne ; il butte à chaque instant contre la barrière ; et, finalement, il s'en va assouvir sa colère sur les cadavres des chevaux, qu'il ne blesse plus, mais qu'il écorche. On le siffle ; il n'en fait ni plus ni moins. Aucun chulo, aucune capa ne réussit à le distraire de son ignoble travail. Ce n'est que de lassitude qu'enfin il s'arrête ; puis il va se placer au centre de son terrain, mais assez près de la barrière.

Le mouchoir flotte encore. Les cuivres résonnent et annoncent la mort du taureau. La bête écoute cette harmonie funèbre et ne s'en émeut pas ; les dards fleuris pendent à son cou sans qu'il s'en inquiète. Il tient le regard fixé sur le fond du cirque.

Là, un homme, le plus brillant de tous ceux qui sont venus à cet assaut, la face tournée vers le président, l'épée d'une main, la *montera* ou coiffure de l'autre, sollicite l'honneur de tuer le taureau, qui n'aurait qu'un bond à faire pour exterminer son insolent provocateur, et qui ne bouge pas. Il a jeté sa *montera* par-delà l'enceinte de bois ; il veut dire qu'il renonce à la vie, dont il n'a aucun souci, plutôt qu'à la victoire. Maintenant il s'avance, tenant l'épée à sa main droite et, à sa gauche, un carré d'étoffe rouge qu'on nomme *muleta*. C'est l'espada, Madame.

Il règne un grand silence sur les gradins ; tout le monde sent que le moment est décisif.

Les deux adversaires se regardent ; ils ne sont qu'à trois pas l'un de l'autre. Non loin, à quelques vingt mètres de distance, sont placés deux chulos, la capa ouverte, prêts à aider le maître, s'il a besoin d'amener le taureau à l'endroit propice ; car on voit que l'espada veut entraîner le taureau hors de sa retraite. Il est manifeste qu'il cherche le milieu de l'arène pour livrer le combat.

Mais le taureau ne veut pas céder. Il demeure en place, comme indifférent, un peu ployé sur les jarrets ; ses flancs battent avec précipitation.

Le public s'impatiente ; il recommence à siffler. Tant pis pour la bête qui n'en peut plus ; tant pis pour l'homme qui ne parvient pas à la déloger de son coin.

Bientôt la bête, impatiente à son tour, fouille le sable avec son sabot de devant, flaire l'arène humide et fond comme un éclair sur l'étoffe écarlate que lui présente son adversaire. Celui-ci l'écarte, et le taureau n'a fait que changer de position. Seulement il s'est livré aux chulos, qui le leurrent, qui se le passent, et le tiennent constamment au centre du cirque. Il est à bout de forces, il se défend mollement, fait à peine mine de menacer avec la tête, et demeure immobile ; il est prêt à tomber, dirait-on, pour mourir.

Mais l'espada se présente ; il ne veut pas que la bête se repose ; il ne veut pas non plus qu'elle succombe d'épuisement. Encore deux ou trois passes de *muleta ;* puis il se fixe, les pieds en équerre, devant elle, élève son épée à la hauteur du sein, vise un moment le point favorable du garrot, la provoque une dernière fois en lui caressant le museau du bout de son étoffe, et se fend, en évitant la corne...

C'est l'affaire d'un instant. Le taureau s'agenouille ; il porte sur son dos le fer qui s'est enfoncé à moitié ; et, dans cette attitude, il semble avouer, en expirant, la supériorité de l'homme qui l'a vaincu.

Ce sont des bravos frénétiques. Pour moi, je ne sais rien voir qui mérite un applaudissement. Je regarde le taureau à genoux, dont l'œil presque éteint semble noyé de larmes, et j'oublie sa férocité pour le plaindre; car il n'avait rien fait qui lui méritât cette fin imprévue.

Cependant, il s'est relevé; il bondit encore. C'est comme une suprême manifestation de sa force, comme un défi suprême à la mort. Il se dirige vers le fond de l'arène, y cherche un peu d'ombre pour cacher ses défaillances, regarde, avec ses yeux humides, la bande des toreros qui l'environnent, s'agenouille une seconde fois, laisse tomber sa croupe et meurt.

Soudain, l'homme noir a sauté la barrière; comme une grosse araignée, il s'est glissé derrière la bête, dont la tête est un peu soulevée, et il la frappe entre les cornes de son court stylet. C'est fini.

Tous les clairons sonnent; tous les orchestres sont en mouvement. Triomphe! Au parterre, dans les loges, au-dessous des loges, tous les pieds, toutes les cannes, tous les parasols ou parapluies battent la mesure : c'est l'accompagnement le plus exact, mais le plus étourdissant que j'aie jamais entendu.

Quatre mules, pomponnées de rouge, couvertes de retentissants grelots, viennent enlever une à une les bêtes gisantes et les charrier dehors au galop. Le taureau sort le dernier, comme il sied au plus noble ; mais il n'en est pas moins traîné sur le sable comme une... Tristes honneurs ! Tristes funérailles !

Une demi-douzaine de valets grattent le sable avec un râteau ; ils en répandent à poignées pour effacer les flaques noires de sang. On va recommencer. La même cérémonie ? Exactement la même, Madame. Et combien de fois ? Jusqu'à six fois. Nous avions à voir massacrer six taureaux, toujours selon les mêmes rites, et sans y changer un iota. Et j'ai eu le courage d'assister à cette sextuple exécution ?

Non, Madame, pour mon honneur ; mais je dois convenir que je ne partis qu'après la cinquième. Pourquoi ? Ah ! pourquoi, je vais vous le dire.

Nous conservions toujours l'espoir de rencontrer un taureau malhonnête, voleur de notre argent, qui aurait bellement manifesté son intention d'échapper aux blessures et à la mort le plus longtemps possible. On nous avait informés que, dans ce cas, la course s'agrémente d'incidents curieux. Le public se fâche; l'alcade admet le bien fondé des protestations, et livre la bête à sa propre honte. Alors, il ordonne qu'on lâche des bouledogues qui la déchirent, qu'on la hérisse de banderillas qui s'allument et pètent comme des fusées d'artifice; et, pour achever sa disgrâce, on la remet entre les mains du dernier des valets qui lui transperce les flancs.

Nous n'eûmes pas de chance, car tous les taureaux furent très-braves; ils soutinrent force coups de piques, éventrèrent un nombre respectable de chevaux, reçurent chacun leur compte de banderillas, et méritèrent tous de finir de la main de l'espada.

En fait d'incidents à noter, nous n'eûmes que le

saut de la perche, très-habilement exécuté, et un coup d'épée très-réussi de Lagartijo, qui remplit cette fois l'office de cachetero, et tua raide l'animal trop lent à mourir. Le saut de la perche est ceci : un chulo s'arme d'une lance de picador, affronte le taureau, et le saute, au moyen de sa barre, au moment où il *humilie*.

Nous aurions pu être favorisés d'une autre chance très-goûtée du public espagnol : celle de voir un homme éventré. Un chulo, c'est beau ; un banderillero, c'est ravissant ; un espada, c'est le comble des délices. Malheureusement pour nous, cette beauté, ce ravissement, cette extase, auxquels se prêtent difficilement les acteurs, nous manquèrent absolument. Il n'y eut pas même une égratignure.

Quand nous nous retirâmes, nous avions donc vu succomber cinq taureaux et dix-sept chevaux crever sur place. En sortant, nous aperçûmes toutes ces bêtes étendues dans un immonde charnier.

Il paraît que le dernier taureau fut incomparable ; à lui seul, il fit neuf cadavres. Résultat magnifique ! Le lendemain, tous les journaux faisaient son éloge, le présentaient comme le héros de la journée, et traçaient en gros caractère le chiffre **9**. En somme, courses très-satisfaisantes, disaient-ils : *Muertos caballos : 26.*

Nous, au contraire, nous étions fort loin d'être satisfaits. Nous nous regardions mutuellement avec un air de compassion risible ; nous étions, tous les cinq, jaunes et frissonnants ; au grand air, nous retrouvâmes quelques forces ; mais d'un grand moment nous n'eûmes pas envie de parler. Nous ne songeâmes même pas à dîner ; il nous eût été difficile de nous trouver un estomac. Espérant avoir plus d'appétit dans une heure, nous convînmes que nous dînerions au buffet d'Hendaye.

Ici, Madame, commence, pour finir bientôt, si vous voulez, notre odyssée ; elle fut pénible. Jugez de la bêtise ou de la malice du chef de gare de Saint-Sébastien ; je crois du moins que c'est lui que je rencontrai.

— A quelle heure, lui demandai-je, partira le premier train pour Irun ? Je posai la question en espagnol, et je défie bien l'académicien le plus classique et le plus en relief de dire mieux.

— *A las seis y media*. A six heures et demie.

Bon ; il était six heures passées. Nous allions nous délivrer enfin de Saint-Sébastien, et de ses courses, et des clameurs qui retentissaient encore dans le cirque, à quelques pas de nous. Mais nous étions déjà nombreux sur le quai ; on commençait à se gêner. Les moins naïfs auraient préféré prendre leurs places, sauf à attendre en wagon tout le temps qu'il plairait à la Compagnie de retarder l'heure officielle. Ils savaient qu'en Espagne, lorsqu'on est en wagon, on part quelquefois ; tant qu'on est sur le quai, jamais.

Or, sur la troisième voie, étaient rangées une longue file de voitures, machine en tête.

— C'est là le train qui va partir ? demanda un blond monsieur, un peu Anglais, mais en castillan très-correct.

— Si, señor, répondit le chef de gare.

— Nous pouvons monter ?

— Si, señor.

Vous entendez bien, Madame ; c'est *oui*, et non

pas *non* qu'il avait dit par deux fois. L'aiguille de l'horloge allait marquer la demie. Nous montâmes tous ; et, en un clin d'œil, le train fut complet. On ferma les portières ; la machine siffla, et..... se détacha purement et simplement. Elle revint passer devant nous, sur une autre voie, s'en allant boire à deux cents mètres plus loin.

Bientôt arriva le train-poste de Madrid, qui stationna quelques minutes et fila sur Irun. Nous avions tous la tête à la portière pour le regarder partir.

La nuit tomba ; elle s'épaissit. Il était alors plus de sept heures, et tout était sombre. Pas un employé sur les quais ; pas un lumignon à l'intérieur de la gare.

Ce fut ensuite sept heures et demie ; même silence et même obscurité.

Pour le coup, ce fut une explosion de colère dans tous les wagons, un vomissement général d'injures à l'adresse de la Compagnie, des employés, des Espagnols et de l'Espagne. Je ne garantis pas qu'on n'a enfoncé aucun plafond, ni déchiré aucun coussin : en tout cas les vitres payèrent.

On laissa voler les éclats de verre, et nos pieds faire tout le vacarme qu'il nous plut ; personne ne bougea dans la gare.

A huit heures, cependant, on crut entendre un ronflement significatif. On se pencha de nouveau aux portières, et l'on aperçut, en effet, dans le noir une machine qui avançait sans se presser. Elle monta jusqu'à nous et vint ranger à côté un certain nombre de wagons vides. Que signifiait donc ce manège ? C'était à n'y rien comprendre.

A huit heures et demie, les quinquets s'allumèrent comme par enchantement dans ces voitures, qui se remplirent en moins de cinq minutes. Evidemment, ce train-là partirait encore avant nous ; nous n'avions ni quinquets allumés, ni machine. On se communiqua cette appréhension, et ce fut une débandade. On prit les voitures d'assaut. Dans quelques secondes le train s'ébranla.

Admirez, Madame, ce scrupule tardif de la Compagnie. Après avoir réfléchi deux heures, elle s'avisait d'être pressée, au risque d'écraser cinq ou six cents voyageurs comme de simples chevaux de course.

Nous laissâmes néanmoins, entre les voies et sur les quais, beaucoup de monde. Il vous aurait fallu voir cette désolation, cette pantomime navrante, lorsque le train partit : je n'ai pas su que cette foule ait saccagé la gare ; mais je n'en serais pas surpris.

Nous nous étions casés ; mais où ? Gardez-vous bien, Madame, de chercher ; je vais vous le dire, parce que vous êtes incapable de deviner. Chacun, à l'assaut des places, s'était contenté de la première venue. Nous fîmes, nous, les difficiles ; nous étions cinq, et nous n'entendions pas nous séparer. Nous ne nous séparâmes pas, en effet ; mais, comme le train se mettait en marche, nous dûmes nous précipiter, hommes et femmes, dans le wagon des marchandises.

Nous voilà devenus bagages. Pendant l'arrêt forcé que nous avions subi, les plus endurants, venus, qui de Bayonne, qui de Pau, qui de Toulouse même, pour voir des courses, avaient pris

sagement le parti de dîner. Nous, nous avions
pris celui de nous trouver mal ; car, deux sur cinq
y passèrent, mais tout à fait. Vous comprenez,
Madame, combien la position nouvelle dans
laquelle nous nous trouvions était faite pour nous
raccommoder. Les dames s'assirent chacune sur
une valise que leur offrirent des voyageurs com-
plaisants ; nous les glissâmes dans un coin, et
nous deux, arc-boutés contre la paroi du wagon,
nous leur fîmes rempart, soutenant par derrière
les chocs douloureux autant que multipliés de
tous ces ballots humains que faisait tituber le caho-
tage de la voiture.

A neuf heures, nous arrivions à Hendaye, à
minuit à Biarritz, tout meurtris des courses et de
la course. Nous ne dînâmes pas. En revanche,
nous jurâmes cent fois, sans décolérer un instant,
qu'on ne nous y reprendrait plus.

V

MA MANIÈRE DE VOIR

V

MA MANIÈRE DE VOIR

Pourquoi cet animal de chef de gare nous avait-il ainsi bernés? Que gagnait-il à nous enfermer dans ses boîtes cellulaires, condamnées à rester en place? S'il avait pu se rendre compte de toutes les colères qu'il excita, s'il avait pu entendre toutes les malédictions dont on le couvrit, il aurait connu l'étendue et la noirceur de son forfait.

J'en causai, Madame, le lendemain, avec deux Biarrots qui n'en revenaient pas, et qui se fâchaient rouge contre cet homme stupide. Ils l'appelaient canaille ; et moi je ne trouvais pas le mot trop fort. Un gentil monsieur, qui nous écoutait, tout en lisant son journal, s'approcha de nous, et, m'appliquant sous le nez la *Voz de Guipuscoa*, me dit : Lisez. Je lus : « La Compagnie, quel que soit le nombre des voyageurs, n'est pas obligée de fournir des trains ni des wagons supplémentaires. »

« Ce mot, ajouta-t-il, vous expliquera peut-être l'attitude irréprochable du chef de gare de Saint-Sébastien. » Et il nous quitta.

Pour le coup, je l'aurais battu. Coquin d'Espagnol, cette attitude irréprochable ? Et qu'avez-vous expliqué, s'il vous plaît ? Il avait dit « peut-être, » et il avait bien dit. Avec la meilleure volonté de me raisonner, et de me prouver que je n'avais pas été, que cinq cents personnes

n'avaient pas été la dupe de ce vieux singe, je ne
parvenais pas à m'expliquer grand chose.

La Compagnie du Nord avertissait, et cela sans
vergogne, qu'elle emporterait d'Irun à Saint-
Sébastien tous les Français qui se présenteraient,
mais qu'elle ne se dérangerait pas pour les
reprendre. Elle tiendrait ses voitures cadenas-
sées, et ce serait aux voyageurs à faire diligence
pour retenir leur place au train ordinaire. S'il
faut, par suite de cet avis, que personne n'a pu
lire avant de franchir la frontière, huit jours pour
que tout le monde puisse s'en retourner, eh ! bien,
on mettra huit jours. Le sans-gêne est phénoménal ; mais il est comme ça.

Les grands partisans de la politesse espagnole
n'ont pas assurément examiné le cas. Mais où
ils s'embarrasseraient autant que moi, c'est à
trouver dans cet avis quelque mot ou signe qui
prémunisse le voyageur contre une facétie sem-
blable à celle du fameux chef de gare.

En homme avisé, il avait dû faire ce raisonnement. Le train pour Hendaye ne partira qu'à six
heures et demie ; il en est six à peine, et déjà la

foule est considérable. A mesure que les minutes s'écouleront, cette masse grossira d'une manière inquiétante. Lorsque les courses seront terminées, par exemple, ce sera une avalanche, un torrent. Et je ne pourrai mettre qu'une quinzaine de voitures à la disposition de cette multitude, qui se culbutera, qui s'écrasera. Il faudra un régiment pour maintenir l'ordre et prévenir les accidents. Je suis seul.

L'idée lumineuse lui vint alors de nous enfermer au préalable ; de la sorte, la circulation sur le quai serait plus libre, l'occupation du train-poste et du second train spécial plus facile. Un coup de sifflet, et le train serait sorti de la gare avant que les béats, paisiblement assis dans leurs boîtes, se fussent aperçus du tour.

Voilà comment on se débarrasse d'un ennui en Espagne. Soit. Mais, quand un chef de gare est interrogé, quand on lui demande à quelle heure, par quel train on partira, où sont les voitures de ce train, est-ce qu'il lui est permis, pour quelque motif que ce soit, de tromper ? Et lorsque la foule abusée, au lieu d'écharper le gredin, pa-

tiente jusqu'au bout et veut bien se contenter, au
dernier moment, d'une voiture quelconque, sans
souci de la classe payée, est-ce qu'on peut pousser
tout ce monde, hommes et femmes, pêle-mêle,
comme des caisses, dans un immonde wagon de
bestiaux ou de marchandises? Il me semble
qu'elles font bien les dédaigneuses, ces Compagnies des chemins de fer d'Espagne, qui, après
avoir maintes fois ruiné les capitaux français, ne
sont encore soutenues que par eux.

Vous attendez, Madame, qu'une fois revenu en
Espagne, et à Saint-Sébastien, pour épancher ma
bile à propos de ce retour malheureux, je vous
parle encore des courses de taureaux. Je ne vous
ai pas dit ce que j'en pense.

Quelques écrivains de haute réputation, non-
seulement les approuvent, mais les recomman-
dent, et ils ne dissimulent pas leur enthousiasme.
Théophile Gautier a écrit ces lignes : « L'on a
dit et répété de toutes parts que le goût des
courses de taureaux se perdait, en Espagne, et
que la civilisation les ferait bientôt disparaître ;
si la civilisation fait cela, ce sera tant pis pour

elle ; car une course de taureaux est un des plus beaux spectacles que l'homme puisse imaginer. »

On n'a pas à disputer des goûts, dit le proverbe. Malgré cela, je querelle Gautier, qui s'en moque, et je regarde ce passage comme une véritable abdication du goût. Il a d'ailleurs abdiqué souvent, mais heureusement toujours pour rire. En tout cas, il ne mentionne rien de ce qui l'a charmé dans ces *funciones* sauvages. S'il fait un bout de réflexion, en passant, c'est pour faire savoir combien la mort d'un cheval l'a ému. Je vous citerai cette page, Madame.

Qu'on se batte pour ou contre la moralité de ces jeux sanglants, qu'on les condamne ou qu'on les approuve, parce qu'ils révèlent dans l'homme de grandes qualités, qu'on aille jusqu'à en célébrer la haute et favorable influence touchant l'éducation nationale du peuple espagnol, tout cela est discutable, et j'entends bien le discuter. Mais qu'on trouve ce spectacle beau ? Allons !...

Je puis certifier à Gautier que sur deux mille spectateurs qui repassâmes la frontière, le soir même, il n'en eût pas rangé dix de son côté. Il eût été scandalisé de notre liberté de langage à cet égard, s'il avait pu entendre surtout les femmes et les gens du peuple, appeler ce divertissement d'un nom trop ordurier pour que je l'écrive.

Qu'y a-t-il de beau dans ces courses ? Ce qu'il y a de vraiment beau, je vous l'ai dit, Madame, c'est l'amphithéâtre rempli de monde, mais sans toreros ni taureaux. On m'accordera bien que cette partie du spectacle n'a rien de commun avec les courses elles-mêmes.

Il y en a qui disent : Pourquoi tant d'affluence, si les courses ne sont pas goûtées ? Il y en a qui répondent : Mais pourquoi tant de figures pâles, tant d'estomacs soulevés, si les courses sont réellement belles ? Et je suis de ceux-ci. Je pense que la curiosité fournit beaucoup d'amateurs à ce jeu pour la première fois, que l'oisiveté et les goûts fanfarons en ramènent un grand nombre, la dépravation et l'habitude quelques-uns, l'amour de l'art le moins possible.

Le acteurs de ce drame n'ont rien de béaü dans leur personne. Le velours, les grosses soutaches et les plaques d'or ou d'argent, les bas de soie, les babouches de satin ne réussissent pas à effacer ni ces chignons, élégants d'après Dumas, simiesques d'après tout le monde, ni ces toques en laine noire, frisées comme un museau de caniche, ni ces visages secs, jaunâtres, rugueux, qui annoncent dans le torero l'homme commun, le familier des troupeaux, l'homme voué aux bêtes. Personne ne me démentira.

Le tournoi commence. Voyez-moi ces *picadores*, tout jaunes des pieds à la tête, raides dans leur pantalon de tôle (je dis tôle, Madame, et non pas toile), coiffés de leur immense chapeau gris : est-ce qu'ils sont beaux ?

Considérez ces pauvres bêtes qu'ils montent. On les nomme encore des chevaux ; c'est probablement un reste d'égards, en considération de ce qu'elles ont été. En réalité, ce sont d'affreuses rosses, qui plient sous le poids énorme de leur cavalier. Elles n'avancent pas, on les traîne. Elles n'affronteraient jamais le danger, si on leur bandait un œil ; ce qui réussit parfaitement à les faire prendre pour des bêtes aveugles. Est-ce qu'elles sont belles ?

Le taureau est beau, lui ; il est magnifique dans toute la manifestation de sa force brutale. Il a des muscles de fer. Mais il l'est autant dans la ganaderia que dans l'arène. Ce n'est pas la course qui vous le montre beau, oh ! non ; à peine avez-vous le temps de le considérer : il n'a pas un instant de repos. Tenez, il a plongé la tête jusqu'au cou dans le ventre d'un soi-disant cheval ; et ce ventre s'est ouvert comme un sac ignoble : tout en sort avec des flots de sang, tout ce que peut contenir un ventre de bête. Et cela coule jusqu'à terre, cela fume, cela a une odeur... C'est cela qui est beau ?

Le picador a troué l'échine du taureau quatre ou cinq fois ; le banderillero a garni ces trous de tiges de bois enguirlandées, qui retombent flasques et seulement accrochées à la peau ; et le taureau tourne sur lui-même, tout couvert de poussière et de sang ; il tourne, tourne toujours comme un insensé, il va s'affaisser... Certainement il s'affaisserait comme un bloc, si l'épée n'était là pour lui procurer une fin plus digne. C'est ce taureau qu'on trouve beau ?

Le voilà tué, assassiné quelquefois; il s'est couché au rang des rosses qu'on lui a permis d'éventrer. Regardez-moi cette arène salie et ces larges flaques d'immondices; car, je vous le jure, Madame, d'un peu loin on ne sait plus si ce sont des cadavres : on dirait des tas. Est-ce encore cela qui est beau ?

Mon Dieu ! si l'on se représente ces courses, comme je me les figurais moi-même, grâce aux descriptions séductrices du roman et du tableau, c'est-à-dire une arène presque sans limites, où le drame se soutient à une distance favorable à l'impression idéale, des gentilshommes, parfaits écuyers, de nobles coursiers sortis des haras royaux, tous combattants anonymes, cherchant dans ce tournoi dangereux à remporter le prix d'adresse et de bravoure, qui sera le cœur d'une belle, des acclamations, des cantiques, des masques tombés, des femmes rougissantes, que sais-je ? Eh ! bien, quelque sanglant que fût le drame, quelque émouvantes qu'en fussent les péripéties, on s'enthousiasmerait; ce serait beau !

Mais, là, un entrepreneur de jeux donne les

courses, naturellement à son bénéfice, avec la permission de l'autorité civile. Une bande de tueurs de profession se présente ; elle requiert tant par bête ; le prix se débat, puis il est accepté. Un alcade vient, au jour fixé, présider cette course, c'est-à-dire appliquer avec plus ou moins d'intelligence le règlement. Et là, je vous dis, sous vos yeux, à quelques mètres de vous, on répète la course deux fois, cinq fois, six fois, toujours la même. La scène commence par l'éventrement de quatre ou cinq chevaux, achetés exprès, fatigués la veille, afin qu'il ne leur reste plus un atome de vigueur ; elle finit par le coup d'épée du chef de la bande, au moment propice. C'est fait : le torero essuie son épée, comme un boucher son couteau, et s'apprête à recommencer. Son prix ? Il était fait d'avance : un sac d'écus. On y ajoute de temps en temps les bêtes qu'il a jugulées. Et c'est beau, cela ?

Je ne crois pas que les plus entêtés défenseurs des courses de taureaux refusent d'avouer l'horreur physique de ces jeux. Mais ils se retranchent sur le côté moral. Selon eux, la course au taureau révèle la supériorité de l'homme sur la bête, ce dont, par parenthèse, je m'étais toujours douté ; elle développe dans le lutteur les plus grandes qualités, et l'on a raison de le tenir pour un homme d'importance et de mérite. Elle sert d'école à la foule, qui s'y instruit de la générosité, du courage, du mépris de la vie, qui s'y habitue aux émotions du danger ; et tout cela réchauffe son patriotisme.

Cette dernière raison n'est pas tout à fait absurde, mais elle ne légitime rien. La contrebande, la chasse humaine, au fond des bois et sur les routes écartées, et les assauts de diligences entretiendraient bien mieux la main de ce *peuple guerrier*, et nul ne songe pourtant à lui recommander ces diverses écoles pour y apprendre les vertus civiques. Il est d'autres occupations, d'autres distractions et d'autres règles qui gardent chaud le patriotisme au cœur d'une nation.

Je voudrais bien qu'on finît par s'entendre avec ces qualités, prétendues remarquables, que révèlent les toreros, et parmi lesquelles on cite de préférence l'agilité et la bravoure. Quant à la première, elle est indéniable. Les *chulos* sont très-déliés, agiles comme des chats ; les *picadores* y ont renoncé ; *l'espada* s'en moque. Il y a véritablement des situations où le taureau et l'homme sont tellement rapprochés qu'il faut à celui-ci du sang-froid et de l'adresse, afin de ne pas manquer ses passes. Il les manque rarement, et ce qu'elles lui coûtent, c'est un peu de sueur, voilà tout.

Quant à la bête, elle n'a qu'une façon d'agir, qu'elle ne sait pas varier ; avec un peu d'adresse, elle aussi ne manquerait jamais son homme. Aussi n'est-ce qu'une bête. Et, en cela, les courses manifestent, j'en conviens encore, la supériorité notoire de l'intelligence sur la matière, ou plutôt sur l'instinct de la brute. C'est une bien piètre raison, Madame, pour excuser ces boucheries publiques.

Vous croyez alors que c'est chose facile d'être torero, vous qui en parlez si lestement ? Non, certes, je ne crois pas cela. Mais j'estime que c'est un métier beaucoup plus qu'un art, ou du moins autant. Il en est du taureau comme de la corde,

par exemple, et il n'est pas plus malin d'être torero qu'acrobate. Le danger est à peu près le
même ; seulement, la course aux taureaux est
toujours sanglante, et, par suite, repoussante.

Ce que je souffre difficilement, c'est l'éloge hy-
perbolique de la bravoure du torero. Je ne dis
pas que tous ces hommes qui descendent dans
l'arène ne soient pas braves ; je ne nie pas davantage qu'un Frascuelo, qu'un Mazzantini fassent
peu de cas de leur vie, et que, par suite de cette
habitude de jouer leur existence, ils ne puissent
être exemplaires sur le champ de bataille. Je n'ai
ni qualité, ni envie de discuter leur courage militaire. Mais, j'affirme que cette bravoure naturelle n'a rien à faire dans la lutte contre le
taureau, telle qu'on la pratique.

Voyons ; ils ont étudié la bête ; au premier
coup d'œil, ils jugent quelle sera sa manière de
courir. Elle provoquera ou reculera toujours ; elle
feindra peut-être ; elle ira droit devant elle ; elle
s'acharnera ou elle se contentera d'un coup de
corne. Pendant qu'elle s'arrête, éblouie, assour-
die, au milieu de l'arène, eux la mesurent, et

savent à quoi s'en tenir. Ils ont visité l'*encierro*, et, dès la veille, examiné leurs taureaux. Maintenant, ne semble-t-il pas qu'avec la seule adresse, et cette connaissance préalable, dirigée par des règles infaillibles, ils pourraient lutter sans danger, seuls, à pied, et sans armes ?

Eh ! mon Dieu, oui. Ce n'est pas, d'ailleurs, un rêve de ma raison trop logique. J'eus l'occasion d'assister à des courses landaises, à Arcachon ; j'ai même retenu le nom du plus adroit écarteur que je connaisse : Paul Daverat. Chacun de ses hommes, comme lui, affrontait le taureau, l'appelait, l'agaçait et le sautait ou l'écartait avec une habileté incomparable. Les bras sur la poitrine ou étendus en croix, quelquefois les pieds joints ensemble avec un mouchoir, ce Daverat sautait toujours sans jamais manquer son coup. Lui seul, et c'était assez.

Cela était beau, Madame. Un taureau furieux, en face un jeune homme séduisant, sans même un bâton à la main ; le taureau toujours également fort, toujours plus enragé, le jeune homme toujours calme, toujours souriant ; le taureau

bondissant, le jeune homme immobile. Le taureau va l'embrocher de sa corne aiguë, le jeune
homme l'a franchi ; il l'attend à l'autre extrémité.
Et ce jeu dure trois heures, sans fatigue et sans
accident. Pas une goutte de sang. Et, cependant,
l'homme approche de très-près la bête, puisqu'il
lui plante entre les cornes une cocarde à ses couleurs, Je l'ai vu, ce brillant lutteur, saisir une
génisse folle, par la corne d'abord, ensuite par
la queue, et tourner rapidement avec elle, de façon à l'étourdir. Quand il avait réellement humi-
lié la féroce bête, et montré, c'est le cas, la supériorité de l'adresse sur la force, on donnait le
signal, et le taureau réintégrait son étable.

Voilà ce que j'appelle de la bravoure ; elle est
bien française, celle-là. Voilà ce que j'appelle se
jouer de la vie.

En Espagne, personne n'affronte le taureau
seul, et, je ne dis pas sans armes, puisqu'on veut
le blesser et le tuer, mais sans défense, et sans
une défense efficace. Le picador a son cheval, le
chulo sa capa, l'espada sa muleta.

Je me demande à quoi pensait Dumas, lorsqu'il

assurait que le picador est celui qui court le plus grand danger. Moi, je dis que c'est le banderillero ; car, au moment de sa course, à lui, il n'a rien, plus rien contre la bête, que son habileté à l'écarter. C'est celui que j'applaudirais chaque fois, car il le mérite. Encore son taureau n'est-il plus aussi frais et aussi maître de soi ; et cela lui fournit un grand avantage.

Mais, le picador, quel danger court-il ? Admirez, Madame, ses précautions. Son rôle consiste à piquer le taureau sur l'échine, à l'aide d'une longue perche éperonnée. Il faut qu'il fasse un trou, et que le public voie le sang ; le reste, il s'en fiche. S'il courait au-devant du taureau, il s'exposerait à manquer son coup ; son élan l'emporterait peut-être, et alors il sauterait par-dessus la tête de son cheval. Mais s'il réussissait, il aurait démontré la sûreté de son œil et la force de son bras. Son cheval, assurément, chercherait, lui aussi, à se défendre, il ruerait, il bondirait ; mais le picador aurait prouvé qu'il est bon cavalier.

J'ai lu, je ne sais où, que, pour être un bon

picador, il faut être avant tout un excellent cavalier; c'est une plaisanterie qui dépasse toute permission. Jugez vous-même, Madame; malgré votre inclination à partager mon sentiment, la matière en litige est trop importante pour que vous ne vouliez pas rendre une sentence équitable.

Le picador poste sa rosse contre la barrière, dans la position qui lui convient le mieux, afin qu'il ne puisse jamais être pris par derrière; et, là, du haut de ce juchoir, la perche en arrêt, il attend que le taureau vienne ou qu'on le lui envoie. Ce qu'il y a de risible dans cette circonstance, c'est que le taureau perd toute sa fureur en présence de cette manière de centaure immobile; il ne le comprend pas; évidemment, il ne le prend pas pour ce que c'est. Quand il se décide à frapper, il le fait sans emportement, comme s'il voulait tâter. Il frappe au ventre, au poitrail, à l'endroit qui lui est offert; le mannequin ne remue pas; ce n'est qu'une ombre de cheval. Le picador, lui, profite de ce moment pour appuyer très-fortement sa pique.

Ordinairement, le taureau blessé se hâte de

retirer les cornes et s'en retourne, étonné d'avoir rencontré si peu de résistance dans ce bloc de chair, et d'emporter néanmoins une si cuisante blessure. Le cheval s'affaisse ; le picador y consent et attend qu'on vienne le remettre debout et lui enfourcher une autre rosse.

Quel danger a-t-il couru, cet homme ? Quelles émotions voulez-vous donc qu'il ait ? Tout ce qui lui est arrivé était prévu. Le cœur ne lui bat que lorsqu'il s'aperçoit que le taureau n'a qu'effleuré la peau de sa monture ; c'est anormal. Seulement, on pourrait bien imaginer des mannequins à l'usage des picadors ; le taureau les éventrerait à son aise, et l'on ne verrait pas le dégoûtant spectacle d'une bête qui vomit le sang et qui promène ses entrailles.

Le chulo joue un rôle assez ingrat : celui d'amuser le taureau, aux entr'actes, ou de l'amener, par feinte, aux endroits préférés des principaux acteurs. Mais ils ont deux raisons d'être sûrs qu'ils ne courront pas un grand danger : la *capa* et le nombre. Ils sont trois, quatre, et même cinq pour se partager l'attention du taureau, qui s'ennuie, en fin de compte, et qui prend bientôt le parti de ne plus bouger. S'il s'acharne contre l'un d'eux, celui-ci jette sa capa au museau du monstre. Au besoin, il la lui abandonne et gagne prestement l'*olive*, tandis que la béate bête, laissant la proie pour l'ombre, s'occupe à déchirer cette vilaine étoffe.

L'espada, le matador, l'homme à sensation, qui résume à lui seul tout l'intérêt et tous les *intérêts* de la course, n'est, à mon avis, qu'un maître-boucher. Il sait quel est le meilleur endroit pour placer le fer ; il le réussit assez souvent, il le manque parfois.

Mais, que signifient toutes ces dramatiques expressions de Gautier, toutes ces comparaisons shakespeariennes ? « Dans quelques secondes, l'un des deux acteurs sera tué ; sera-ce l'homme ou le taureau ? Ils sont là tous les deux, face à face, seuls ; l'homme n'a aucune arme défensive... un lambeau d'étoffe, une frêle épée ; voilà tout. Dans ce duel, le taureau a tout l'avantage matériel ; il a deux cornes terribles, aiguës comme des poignards, une force d'impulsion immense, la colère

de la brute qui n'a pas conscience du danger. »
Impossible de travestir plus imaginairement une
situation. O poètes !

Je vous affirme, Madame, que ce point d'inter-
rogation : sera-ce l'homme ou le taureau ? n'est
jamais posé. Un naïf, c'est-à-dire un Français,
qui voit la course pour la première fois et qui n'a
pas le temps de se rendre compte de la solennelle
régularité de ces égorgements, pourrait avoir
quelques instants de doute. Mais l'Espagnol sait
que ce sera le taureau, et toujours lui.

En effet, ils sont là, face à face, l'homme et la
bête ; mais l'homme n'est pas seul, si la bête est
seule. Deux ou trois chulos veillent, le manteau
prêt à intercepter le regard trop fixe de la bête,
si elle a encore la force de fixer quelqu'un.

L'espada n'est pas sans arme défensive ; il
tient sa *muleta* rouge, que Gautier appelle un
lambeau d'étoffe. Seulement, il sait que ce lambeau est son talisman souverain, dont la magique
influence est si certaine sur la bête que celle-ci
le préfère toujours à l'homme. L'homme le sait
si bien, qu'il n'avancerait pas sans la *muleta* ;

pourquoi n'a-t-il jamais consenti à se priver de ce lambeau d'étoffe sans importance ?

Avec cela, dit-on, il amène sa victime où il lui plaît. C'est une erreur ; le chulo remplit cet office. Non, avec la *muleta*, l'homme achève d'épuiser la bête, s'il s'aperçoit qu'elle n'est pas encore à bout.

Le taureau a deux cornes, à moins qu'il ne se les soit brisées contre le bois dur de la barrière ; mais c'est tout, et, pour le moment, ce n'est pas assez. Il est harassé, c'est le mot ; on voit, au mouvement précipité de ses flancs, qu'il n'en peut plus, qu'il manque d'haleine. Et sa force d'impulsion est bien médiocre : quiconque aura vu seulement un taureau en face de l'*espada*, quiconque aura remarqué cette mollesse qu'il met à repousser de la tête, sans faire un pas, les provocations, dira comme moi. Il n'est bon alors qu'à mourir, et il mourra infailliblement, sans se défendre : c'est la persuasion de tous.

Pourquoi ne lui laisse-t-on pas un peu de répit avant la mort ? Je suis prêt à admirer l'espada qui attendra tout seul la bête, sortant du toril, qui l'écartera, qui la fatiguera, qui la blessera, qui la réduira, enfin, et lui portera alors le coup suprême.

Cela ne se peut pas, dit-on ; il y aurait trop de danger. A la bonne heure ; mais, quand les fanfares ont sonné la mort, pourquoi les chulos continuent-ils d'agacer la bête? Elle est déjà passablement rompue ; qu'on lui laisse reprendre haleine, et que l'espada s'avance, lorsqu'elle se sera retrempée pour le combat. Vous ne risquez rien, Madame ; il y aurait encore trop de péril.

Affirmer que le taureau n'a pas conscience du danger, c'est manquer d'observation ; il a été suffisamment prévenu de ce qu'on prétend de lui par la pique, et par le dard recourbé des bande-rillas. Et, maintenant, il voit le glaive acéré, lui-sant, qui le menace. Soutienne qui voudra que le taureau ne comprend pas ; je ne suis pas de cet avis. Et si vous aviez vu, Madame, ces yeux humides, d'où la colère avait entièrement disparu, pour faire place à l'épouvante, vous iriez plus loin que moi, et vous ajouteriez certainement que le taureau, avouant son impuissance, s'était résigné.

Non, non, tout l'avantage matériel est du côté de l'homme, qui ne peut avoir contre lui qu'une malechance, je ne la nie pas : celle de réveiller au dernier instant l'instinct de conservation dans la bête, et de recevoir un malencontreux coup de corne dans la poitrine, lorsqu'il se fend sur elle, s'il se fend mal.

Voilà pour les acteurs, Madame ; passons aux assistants. Dès lors que le spectacle est tel que vous le connaissez maintenant, on serait mal venu de trop affirmer qu'il est une école de quoi que ce soit. J'estime que les Espagnols vont aux courses, comme les Romains allaient au cirque ; c'est leur distraction. Elle est conforme à leurs goûts ; ce qui ne veut pas dire que ces goûts ne soient pas malsains, ni répugnants à la civilisation.

Pour défendre ces jeux-là, en eux-mêmes peu défendables, quelques orfèvres, je veux dire quelques écrivains espagnols, se sont avisés de les confronter avec nos courses hippiques. Comme système de défense, il n'est pas heureux ; car, l'un et l'autre spectacle pourraient être supprimés au même titre, sans qu'il manquât absolument rien au bonheur public. Attaquer celui-ci n'est pas justifier celui-là.

Comme conformité ou ressemblance, on n'en trouve pas autant qu'on le voudrait. Je conviens d'une chose, dont probablement ne conviendraient pas nos voisins : c'est que le péril de mort pour l'homme est plus fréquent et plus imminent à l'hippodrome qu'à la *plaza de toros*, où je prétends qu'il est nul. Et, néanmoins, je n'éprouve pas autant de répugnance aux courses de chevaux qu'à celles de taureaux.

Là, le champ est vaste, et ce lointain voile, aux yeux du plus grand nombre, l'horrible réalité d'un cheval tombé ou d'un jockey tué. Ici, au contraire, ce sont douze mille spectateurs contraints d'avaler, en trois heures, quelque trois douzaines d'égorgements suivant les règles. Aux courses hippiques, on a la ressource de l'imprévu ; il peut arriver de graves accidents, mais il peut ne pas s'en produire ; aux taureaux, il n'y aura de mauvais sort que pour les bêtes, mais aucune ne ressortira vivante de l'arène. Aux premières, on a un but; ce but, plusieurs concurrents tâchent de l'atteindre, et, de fait, ils ne songent qu'à cela : ils sont tous également armés pour cela. Dès lors, l'intérêt de la foule est excité, et elle est distraite du danger possible. Aux courses de taureaux, on n'a d'autre but que de tuer, on n'y va que pour voir tuer; et, là, aucune victime, clairement désignée pour la mort, n'est à même de l'éviter, ne fût-ce qu'un moment. Car, ce serait encore un spectacle attachant de suivre, par exemple, les évolutions d'un beau cheval qui ne voudrait pas mourir sans essayer d'un bond ou d'un coup de pied, sans user de sa force et de son courage. Non, certes, il n'a pas à lever son sabot; il est l'instrument passif du taureau, parce qu'il importe que le public sache avec quelle facilité une corne aiguë pénètre dans une carcasse animée. Et, lorsque la démonstration, répétée quatre ou cinq fois, aura été jugée satisfaisante, on fera son compte au taureau.

Je me moque, Madame, de tout ce qu'on pourra penser de moi, si j'écris que je n'ai jamais cru à l'utilité de nos courses de chevaux, sous quelque rapport que ce soit. Mais, tout en confessant mon opinion, je déclare néanmoins qu'elles sont cent fois préférables aux courses espagnoles.

Un des plus ardents apologistes de la course aux taureaux, péninsulaire, cela va sans dire, parlant de nos hippodromes, les couvre de dédain, à cause des paris qui s'y tiennent. Il n'entrevoit que cette question de gros sous, qui dénature le cœur des assistants, et leur amène la joie au moment d'une catastrophe, au lieu de la pitié. Il ne faudrait pourtant pas être si Espagnol que cela, et oublier que, même les parieurs, dont je ne célèbre pas le métier, ne sont pas si inhumains. Ils n'escomptent pas précisément des crânes brisés, ni des reins cassés, mais seulement des favoris vainqueurs.

Certes, s'il n'y a pas de gros sous dans le public des courses espagnoles, s'il n'y a que des *duros* pour le torero, je sais bien pourquoi : c'est qu'on connaît d'avance le résultat. Le jour où l'on consentira à fournir aux deux acteurs des chances égales, les parieurs auront leur place marquée aux taureaux.

Spectacle magnifique ! dit l'un ; grandiose ! dit l'autre. Ah ! si les taureaux savaient écrire ! Vous souvenez-vous, Madame, de la fable du lion considérant son ignominie sur une toile peinte ?

Que diraient-ils, les taureaux ? Que l'homme est un vantard. Oui donc, c'est grandiose de voir un homme expérimenté, dix hommes je veux dire, parfaitement à l'abri du danger, se passer une bête pour la tuer, au grand contentement du public ? C'est grandiose de les voir se garer des cornes de leur adversaire, en lui sacrifiant d'autres bêtes au moment voulu ? Comment se fait-il qu'il n'y ait que les hommes d'esprit, ceux qui composent, pour trouver des mots sonores comme ceux-là ? Le vulgaire, je me trompe, la foule, qui n'est pas toujours vulgaire et qui parle avec le cœur, se contente de dire : C'est dégoûtant !

Je ne suis membre d'aucune société protectrice des animaux, et, en écrivant ceci, je n'ai aucune envie de me faire honorer d'un diplôme. Néanmoins, je prétends qu'un écrivain n'est pas sé-

rieux, mais pas sérieux du tout, lorsqu'il affirme
que tuer un poulet, un agneau, étouffer un pigeon,
assommer un lapin, ou éventrer trente chevaux,
dans la circonstance que je mentionne, c'est la
même chose. S'ils pensent ce qu'ils osent écrire,
tant pis pour leur cerveau.

Hélas ! Madame, il y a longtemps que l'homme
use de ses droits sur les animaux ; la seule règle
qu'il suive est son intérêt. Il faut bien qu'il assiste
à des scènes pénibles pour la sensibilité. Que
nous serions fortunés, si nous en revenions aux
goûts primitifs, si nous savions nous contenter
d'une noix, d'une figue, de laitages et d'eau fraîche ! Mais non, toujours notre dent cruelle meur-
trira des chairs encore palpitantes. Horreur !

Vous voyez, Madame, que je suis tout à fait
dans le ton des plus avancés, parmi les avocats du
genre animal. C'est égal, je ne crois plus qu'il
soit question de sentimentalité excessive, lorsqu'on assiste avec répugnance à l'égorgement inu-
tile des animaux. N'avoir et ne vouloir d'autre
spectacle que cela, une bête éventrée, puis une
seconde bête éventrée, puis une autre, jusqu'à

trente, avec la seule variante d'un taureau massa-
cré, ne doit pas être indifférent à la sensibilité.
Au risque de me répéter, je veux vous citer ici
la page promise de Gautier, partisan avoué de
la magnificence des courses.

« Le pauvre animal, abandonné à lui-même,
se mit à traverser l'arène en chancelant, comme
s'il était ivre, s'embarrassant les pieds dans ses
entrailles ; des flots de sang noir jaillissaient
impétueusement de sa plaie, et zébraient le sable
de zigzags intermittents qui trahissaient l'inéga-
lité de sa démarche ; enfin, il vint s'abattre près des
tablas. Il releva deux ou trois fois la tête, roulant
un œil déjà vitré, retirant en arrière ses lèvres
blanches d'écume, qui laissaient voir ses dents
décharnées ; sa queue battit faiblement la terre ;
ses pieds de derrière s'agitèrent convulsivement
et lancèrent une ruade suprême, comme s'il eût
voulu briser, de son dur sabot, le crâne épais de la
mort. Son agonie était à peine terminée que les
muchachos de service, voyant le taureau occupé
de l'autre côté, accoururent pour lui ôter la selle
et la bride. Il resta déshabillé, couché sur le flanc

et dessinant sur le sable sa brune silhouette. Il était si mince, si aplati, qu'on l'eût pris pour une découpure de papier noir. J'avais déjà remarqué, à Montfaucon, quelles formes étrangement fantastiques la mort fait prendre aux chevaux; c'est assurément l'animal dont le cadavre est le plus triste à voir. Sa tête, si noblement et si purement charpentée, modelée et frappée de méplats par le doigt terrible du néant, semble avoir été habitée par une pensée humaine; la crinière qui s'échevèle, la queue qui s'éparpille ont quelque chose de pittoresque et de poétique. Un cheval mort est un cadavre; tout autre animal dont la vie s'est envolée n'est qu'une charogne. J'insiste sur la mort de ce cheval, parce que c'est la sensation la plus pénible que j'aie éprouvée au combat de taureaux. »

Un bon mouvement, Madame; convenez que vous plaignez cette bête, et que ses assassins vous dégoûtent. Pourtant, je sais que vous n'êtes pas mièvreuse.

Les plus chauds défenseurs de la course aux taureaux reconnaissent tout ce qu'a de naturel cette répugnance. Ils font tous leurs efforts pour vous apprendre à la surmonter ; mais ils sont drôles dans leurs raisonnements.

C'est vrai, disent-ils, tous ces chevaux étendus sont chose pénible à voir ; c'est là le côté noir, mais l'unique, du grand spectacle. Que voulez-vous ? il faut savoir se résigner à cette sensation, que l'habitude amoindrira d'ailleurs, car les chevaux sont nécessaires aux courses.

Oui ; mais cette nécessité disparaîtrait, s'il n'y avait plus de courses ; et celles-ci ne sont pas du tout nécessaires.

Si c'étaient encore de beaux chevaux, vous auriez raison de vous émouvoir, et de les plaindre ; mais ce sont des rosses. Et ils plaisantent sur l'haridelle. Allons, riez !

Je ne ris pas du tout. Il me semble que c'est là, précisément, le comble de l'ignoble de se servir de ces nobles bêtes parce qu'elles ne sont plus bonnes à rien, et de les jeter au taureau après les avoir mises dans l'impossibilité de se défendre.

Vous préféreriez donc qu'elles crevassent de

leurs rhumatismes, ou dévorées par les sang-
sues ?

Cent fois oui ; car je ne les verrais pas agoniser et crever, ce dont je n'ai aucun besoin. Je suis
trop habitué à voir le cheval sous son fier aspect,
pour qu'il me soit déjà assez pénible de le voir
haridelle ; et je ne veux pas le contempler charogne.

Mais, croyez-vous alors que toutes ces femmes,
jeunes, élégantes, qui accourent à ce spectacle,
toute la saison, soient privées de cœur ? Ce n'est
pas ce qu'on dit des femmes d'Espagne.

Je ne le crois pas, assurément. Mais il y en a
d'autres aussi qui n'y viennent pas, et qui ne doivent pas être non plus les moins aimantes. Quant
à celles-là, elles ont contracté une habitude ; et
rien ne prouve qu'une telle habitude n'influe pas
sur leur moral, qu'elles ne sont ni dures, ni
indifférentes, ni hautaines. J'en vis une qui jeta
son gant à *l'espada* pour le féliciter d'avoir appli-
qué au taureau un bon coup d'épée. Certes, ce
n'est pas moi qui me serais soucié de baiser
cette main : duchesse ou femme d'alcade, ce de-

vait être une bouchère. Il y a femme et femme, je suppose, même en Espagne.

On peut être *aficionado*, et bon époux.

J'en conviens ; vous pouvez ajouter même bon garde national. Mais on peut être aussi l'un et l'autre, sans cesser d'être malpropre. Or, le mauvais goût est la malpropreté de l'âme.

Et l'on compte pour rien, Madame, les charmants dialogues qui s'établissent entre la plèbe et l'officier public qui préside les courses : « Vous n'y entendez rien ! Les chiens à l'alcade ! Le feu au gouverneur civil ! Le président au taureau ! » Tout Espagnol se pique d'être un connaisseur en matière de courses ; il croit de son devoir d'exprimer tout haut son opinion, et d'injurier le président, s'il ne la partage pas. En quoi les courses de taureaux méritent d'être signalées comme une école de déférence et de bon ton.

Elles sont pareillement une école d'humanité. Elles révèlent les mœurs les plus douces. On n'en saurait douter, lorsqu'on entend tout ce monde qui trépigne vomir les plus sottes injures contre le malheureux chulo, contre l'espada infortuné qui, en présence d'une bête inaccoutumée, se prennent de peur, ou, pour employer l'expression usuelle, se tiennent sur leurs gardes.

A bas la prudence ! C'est de la lâcheté ! Mieux vaut se laisser écharper ; il le faut, le public l'exige. *Adelante !* Autant en est réservé au taureau ; c'est parce qu'il est prudent que la foule demande qu'on le torture et qu'on le massacre sans pitié.

L'homme le plus mouton devient un vrai tigre aux courses ; il y hurle, il y montre les dents, il y brandit son poing fermé, à moins qu'il n'ait le tempérament gai ; alors il bouffonne à propos de tout : tout le fait rire. Vous voyez donc, Madame, que, pour s'adoucir les mœurs, pour apprendre à triompher d'un naturel violent, emporté, sanguinaire, vous n'avez rien de mieux sous la main qu'une course de taureaux.

L'Espagnol se prétend religieux jusqu'à la moëlle. Il faisait bénir autrefois le poignard du crime, afin de ne pas manquer le coup ; et, aujourd'hui, il amène un prêtre dans le cirque ; entre l'abattoir et le charnier il élève un autel à la

Sainte Vierge. Mais comment s'arrange-t-il avec le christianisme, qui le condamne hautement au nom de la morale, qui enseigne que ces jeux sont barbares, ennemis de toute civilisation, funestes aux peuples et aux individus?

VI

CHOSES D'ESPAGNE

VI

CHOSES D'ESPAGNE

Un dernier mot, Madame, qui ne sera pas l'effrayant dernier mot d'un avocat ou d'un prédica-
teur, sur ces *choses d'Espagne* que le voyageur
constate parfois accidentellement, mais qui lui
apprennent mieux que tout le reste à connaître
les mœurs et les sentiments du pays.

Je ne vous dirai pas ce qu'est le peuple espagnol, surtout ce qu'il a été ; je pourrais faire un
gros livre là-dessus, et me donner l'air d'un savant.
Pour le passé, vous consulterez l'histoire, où vous
trouverez en détail, et sans en manquer une,
chacune de ses qualités. Pour le présent, je ne
veux pas les lui contester toutes, le moins possible. Qu'on ne me prenne donc pas pour un de
ses détracteurs. Je tombe d'accord qu'il n'est pas
au-dessous de beaucoup d'autres, et je souscris
d'avance, en faisant naturellement mes réserves
sur quelques points, à tout le bien qu'on vous en
dira.

Au fond, Madame, l'ami dont je vous parlais
au commencement de cette relation, et qui me
poussa vers l'Espagne, avait raison ; son opinion
est celle de tous les écrivains et de tous les voyageurs. Le Nord de l'Espagne, c'est l'Espagne.

Le Midi, sans doute, a ses mœurs à part, sa
vie toute différente ; il est curieux et intéressant
à visiter. Il faut lui reconnaître, en outre, des
qualités remarquables qui lui sont propres et qui
ajoutent le brillant et la chaleur à l'ensemble des

qualités par lesquelles se distinguent des autres nations les habitants de la Péninsule.

Néanmoins, on n'y trouve rien d'essentiellement caractéristique; j'avais pu m'en convaincre à l'époque du carlisme, où méridionaux et septentrionaux étaient mêlés, et où tout l'avantage restait à ceux-ci. Mes trois voyages, quoique rapides, faits en Biscaye, n'ont pas modifié cette impression.

Au Nord, l'Espagne mâle ; c'est le pays du labeur pénible, c'est la montagne, le ciel noir. Au Midi, l'Espagne femelle; c'est le séjour de l'oisiveté, le ciel bleu, et les champs d'orangers.

Au Midi, les rêves, les idées bizarres, les conspirations, avec les combinaisons et les plans. Au Nord, les conspirateurs, les exécuteurs, les ouvriers de bataille et de mort.

Au Nord, les actes sérieux, les ébranlements de trône et de Constitutions. Au Midi, quelques pétards et beaucoup de discours.

Cette distinction ne fait pas le compte de ceux qui veulent que l'Espagne soit plus homogène que la France. Je suis fâché de les contrarier ; mais cela est ainsi. A tout prendre, il s'en faut bien que le Nord et le Midi de la France soient marqués aussi différemment que les deux moitiés correspondantes de l'Espagne.

J'avais lu plusieurs relations de voyage qui m'avaient sérieusement touché ; elles présentaient nos voisins sous un jour d'affabilité et de politesse incomparables. Dès qu'on a mis le pied en Espagne, on respire comme un parfum enivrant de liberté. On vous appelle *hermano*, même *hermanito*, ce qui signifierait à peu près : mon petit frère chéri. Vous vous trouvez immédiatement lié avec les premiers venus, comme d'anciennes connaissances, comme de vieux amis. Vous êtes l'objet de toutes sortes de prévenances ; et ce n'est pas sans peine que vous parvenez à vous soustraire à tant d'obséquiosités. Il vous faut partager le même pain, la même gourde, la même blague à tabac.

Je n'ai jamais eu à me plaindre de tant d'empressement ; et je n'ai pas remarqué non plus que d'autres eussent à gémir de ces fardeaux de courtoisie. Si j'osais écrire toute la vérité, je dirais bien que nos mœurs sont en effet plus raides, plus

guindées, mais qu'en fait de politesse la France
n'a rien à envier à sa voisine. Abstraction faite
des câlineries de la langue et de toute recom-
mandation destinée à vous créer des amis de
toute pièce, je déclare les Espagnols bien moins
polis que nous.

En France, vous saluez, et vous demandez votre
renseignement ; celui que vous abordez vous
salue, vous répond affablement, et quitte au besoin
son chemin pour mieux vous mettre sur le vôtre.
En Espagne, on reste couvert d'abord, on vous
écoute avec distraction, et l'on vous accorde le
mot juste et sec qui peut résoudre votre question.
Bien entendu, je ne compare pas ce qu'on appelle
en tout pays la haute classe, les gens bien
élevés ; je parle du peuple de l'une et l'autre
nation, de l'ouvrier comme du bourgeois, de
l'homme comme de la femme, du mendiant
comme du rentier, de l'oisif et du sergent de ville,
de ce premier venu qui ne peut vous servir que
son éducation naturelle.

Chemin faisant, le Français vous interrogera ;
il s'informera de votre pays, de vos affaires, de

votre femme et de vos enfants ; et, s'il lui reste du temps, il vous dira de lui-même tout ce que vous désireriez savoir, si vous étiez curieux.

L'Espagnol n'a rien à vous dire : que voulez-vous savoir ? Si c'est la grand'rue, ou seulement la petite ? Eh ! bien, c'est la petite. Si elle aboutit à une église ou à une prison ? A la prison. Quoi plus encore ? Où est l'église ? où est le port ? Ils sont à droite ; filez, maintenant. En Espagne, il n'y a que les gamins qui soient verbeux ; il est vrai qu'ils le sont pour toute leur famille.

Allez aux courses, Madame. Une fois assise, ramenez bien tous les volants et tous les falbalas, faites-vous mince le plus possible, cachez vos jambes sous le banc. Malgré toutes ces précautions, on vous accrochera, on vous coudoiera, on vous écrasera le bout des pieds ; c'est inévitable. Mais, en France on vous dirait : Pardon, Madame ; vous attraperiez une jolie révérence. En Espagne, on ne vous dira rien du tout, et, du maladroit, vous ne verrez que le dos. Les *hermanito* dont on use, dit-on, avec tant de prodigalité, feraient cependant fort bien en pareille circonstance.

Et, si la vue du sang répandu vous répugne, si tout d'un coup vous êtes éprouvée, mal à l'aise, en France dix voisins et voisines auraient un éventail, un flacon de senteur à vous faire passer ; en Espagne, la grosse maman et la fluette demoiselle vous regardent du coin de l'œil, et vous consolent par un éclat de rire.

Vous avez été plus d'une fois, Madame, à la mer, passer une saison de repos. Combien de temps avez-vous mis pour lier connaissance avec les baigneurs assidus à la même plage, je ne veux pas dire seulement avec les Français, mais avec les étrangers ? Avant huit jours, vous vous étiez ménagés mille occasions de vous retrouver ; le matin, vous alliez à l'eau ensemble ; toutes les soirées, comme les premières heures de la nuit, appartenaient à vos nouveaux amis. C'est ainsi que vous avez connu des Anglais, des Russes, des Allemands ; avez-vous connu des Espagnols ? Vous ne m'en avez jamais parlé, ou, du moins, je ne m'en souviens pas.

Pour ce qui me concerne, durant tout le mois, j'ai été en contact obligé avec plus d'Espagnols

que de Français, soit hommes, soit femmes, soit
prêtres, soit laïques. Plusieurs fois, j'ai dû mettre à leur disposition ce que je sais de langues
étrangères pour les soustraire aux grossièretés
des uns, aux importunités des autres. Et, cependant, pas un n'est allé plus loin avec moi qu'un
merci fort peu sentimental. De relations créées,
de connaissances faites, d'amitiés liées, il n'en
existe pas ; tandis que j'ai dans mon carnet l'a-
dresse d'un Belge, la carte de visite d'un *signore
di Torino*, et sur mes joues deux baisers d'une
jolie bambine de Paris.

Le cachet d'un Espagnol, dans son maintien
comme dans sa parole et dans son geste, c'est la
pleine satisfaction de lui-même ; et cette suffisance s'accentue visiblement en face du Français.

Voulez-vous, Madame, que je vous dise comment on voyage ? On a des idées préconçues, qu'on
applique dès qu'on en trouve l'occasion. Je crois,
parce qu'on me l'a dit, que les Espagnols sont polis et affables ; j'en rencontre un qui l'est ; dès
lors, la démonstration est faite, je lui sais gré
pour tous ses frères de sa courtoisie à mon égard,

et je proclame tous les Espagnols des exemples
d'affabilité. Il en est de même pour l'inverse.

Et si on ne trouve pas l'occasion d'appliquer
ses idées ? On les retient quand même comme
certaines ; et, tout ce qui semble les contredire,
on le note comme une exception.

Je ne veux pas vous dire que tous les Espagnols
sont impolis. Non, Madame. Je ne vous dis pas
non plus qu'ils sont tous fourbes, tous voleurs,
tous insensés. Dieu me préserve d'une généralité
aussi fausse qu'inconvenante. Mais je vous dis :
Dans quelque milieu que vous vous placiez, grand
monde, demi-monde ou bas peuple, l'urbanité, la
franchise, la réflexion ne sont pas les traits
saillants du caractère espagnol ; et j'ajoute : il
s'en faut de beaucoup.

J'admire la naïveté d'un écrivain qui plaide
pour l'extrême perfection de ses qualités, et qui
se permet de citer les plus drôles exemples contre
sa thèse. Il fut témoin de ce tour, joué à l'une des
compagnies de chemins de fer du Midi de l'Espagne. Un Espagnol remit deux francs à l'employé
chargé du pesage des colis, et le pria de déclarer

trente kilos au lieu de soixante. Le peseur pro-
clama le mensonge sans sourciller. Et le voyageur,
très-satisfait de ce vol à deux, va lui dire en souriant : Voilà, avec deux francs, j'en ai gagné vingt.

Il en rencontra un autre qui volait cinquante
francs au gouvernement sur soixante : il s'applau-
dissait de n'être pas plus niais que les grands
personnages qui volent des millions.

Et l'écrivain, stupéfait de cette fourberie érigée
en principe, étire ces lignes : « Pauvre Espagne !
nation de voleurs et de volés, voilà ce que fait de
vous votre Révolution ! Il y a un abîme en Espagne, entre l'ancienne génération et la nouvelle,
et cela dans toutes les classes de la société. »

Voilà donc pour la franchise nationale. Voici
maintenant pour la réflexion et pour l'urbanité :
Un jour, le même auteur ne put se dispenser
d'éclater de rire au nez d'un brave homme qui, en
pleine diligence, se dépouilla de ses vêtements,
se brossa, se lava, se peigna, se passa une chemise fraîche, et tout un complet de Paris *.

---

* CALOEN, *Au-delà des monts.*

Je romps, par exemple, sans ménagements, avec cette école française, qui puise ses renseignements je ne sais où, qui appuie ses affirmations de je ne sais quelle autorité, et qui nous propose le peuple espagnol comme un type heureusement conservé parmi les décadences des nations civilisées, un type de chevalerie, d'héroïsme, de bravoure indomptable, un modèle à imiter, un modèle heureux, d'après lequel les Français en particulier devraient se réformer.

Ah! Madame, il faudrait entendre surtout les hommes de mon pays qui aspirent au retour de tel ou tel prétendant monarchique. Il faudrait entendre encore certains hommes religieux, préoccupés, avec raison, de l'abandon des vrais principes. L'Espagne, c'est leur idéal !

Il y a là pourtant une illusion incompréhensible. On n'aborde pas un Espagnol sans qu'il se vante ; cela se comprend. Mais il faut savoir rabattre de ces fanfaronnades. Et ce n'est pas à nous, Français, d'accepter leur dire sur leur propre garantie. Avant de me donner l'Espagne pour modèle, je voudrais qu'on me fît la preuve de sa réelle perfection.

Pour moi, je lui reproche trois choses, que je tiens pour capitales : sa versatilité politique, et l'hypocrisie de sa religion, cela précisément qu'il plaît à tant d'autres d'admirer, et je me demande en quoi l'Espagne diffère de la France sur ces deux points essentiels. Je lui reproche surtout sa haine de la France.

La vie privée de l'Espagnol n'est qu'une suite de compromis avec sa foi, cent fois plus absurdes, sinon plus coupables que l'irréligion : c'est la négation constante des principes catholiques. Et, cependant, il se regarde comme le meilleur défenseur du catholicisme, le grand pilier, la colonne de l'Eglise. L'Espagnol, pénétré de ces idées, le prêtre, le laïque instruit, sont dans un état de suffisance qu'on imaginerait difficilement. Au fond, leurs pratiques et leurs théories sont complètement différentes.

La vie sociale de l'Espagnol se ressent de cette fausseté de conscience : l'arrogance individuelle devient l'orgueil des partis, et retentit ainsi sur la politique. Ce peuple n'a jamais été et ne sera jamais homogène ; c'est ce qui le conserve dans un état de faiblesse relative. Alors il convoite les pays voisins, il leur porte envie, et parfois il les dénigre.

Son premier ennemi, c'est la France ; nous avons cet honneur. Je vous le prouverai consciencieusement ; car j'y tiens, pour vous faire comprendre, Madame, pourquoi je n'aime pas tous les Espagnols d'Espagne, ni aucun Espagnol de France.

Les premiers ont assez fait retentir le monde de leur prétendue fidélité à la religion. Si vous alliez en Espagne, Madame, vous seriez frappée de l'esprit irréligieux qui règne dans les mœurs publiques. Le fond de cet esprit est le scepticisme le plus railleur. Cela tient à diverses causes, parmi lesquelles l'extrême facilité des mœurs et la familiarité avec les choses saintes ne sont pas les moins puissantes. Nous n'avons pas, nous, en France, un proverbe, ou plutôt un dicton populaire comme celui-ci : *Los dineros del sacristan cantando vienen y cantando se van,* dont la traduction littérale est : l'argent du sacristain lui vient en chantant et s'en retourne de même. Nous avons notre mot pour exprimer cette idée : que la prodigalité dissipe rapidement les fortunes acquises sans travail ; mais la sagesse populaire n'a jamais songé à aller en chercher le type dans une sacristie.

Tous les voyageurs ont fait la même remarque ; les moins dévots n'ont pu s'empêcher de déplorer ce contraste d'un peuple également fanatique, et foncièrement sceptique en matière de religion. Le Belge, que je citais quelques lignes plus haut, flétrit en passant les pseudo-philosophes qui pullulent en Espagne, et cherchent à pervertir la nation au moyen d'immondes pamphlets. Réussissent-ils ? L'écrivain affirme que non, pour le Nord de l'Espagne seulement. Et cependant il s'écrie, en constatant avec amertume la solitude et l'indifférence au sanctuaire de Saint-Jacques de Compostelle : « O âges de foi ! où êtes-vous ? »

Sans doute, l'Espagnol est en général soumis à son curé ; il fait ses Pâques ; il porte le dais aux processions ; et même il passe le Rosaire. A ce point de vue des seules pratiques extérieures, la masse des péninsulaires est plus catholique que la masse des Français. Mais tout cela n'est qu'une ruine, les restes d'un ancien culte national auquel on tient encore par habitude.

Qui peut mieux connaître le caractère religieux de ce peuple que ses prêtres ? Prenez d'abord l'avis d'un de ces intraitables en politique et en religion, d'un carliste ultramontain. Il vous dira que sa nation est aujourd'hui perdue, plus impie que la France, parce qu'elle partage les mêmes erreurs, et qu'elle est de beaucoup plus ignorante. Et, parce que le cœur lui manque devant ce spectacle inouï, il préfère vivre loin de sa patrie, dit-il, et n'avoir pas à assister à son agonie. D'après lui, le clergé même, profondément imbu d'idées libérales, est impie.

Sans doute, ce prêtre est un exalté, un partisan. Je ne suis pas à le lui dire. Mais, descendez vers le prêtre libéral, le premier curé venu, d'une ville ou d'une campagne, qui vit en paix avec son gouvernement, ce bon curé qui s'est humanisé et refuse de se jeter aveuglément à la suite de tel ou tel révolté. Voici ce qu'il vous dira : La religion catholique est, en Espagne, plus officielle et moins foncière qu'en France.

Vous ne risquez pas, Madame, de lui entendre formuler ainsi son appréciation. Pour rien, il ne consentirait à mettre son pays en parallèle avec le mien. Mais le mot ressort de toute sa conversation.

Laissez-moi vous raconter deux entretiens, tout à fait en rapport avec la question présente, que j'ai eus avec deux prêtres espagnols. Ils sont authentiques ; et je pourrais bien mettre deux noms, sûr d'avance que ni l'un ni l'autre de mes interlocuteurs n'accuserait ma mémoire d'infidélité.

Le premier est un ex-aumônier de l'armée carliste, un de ces nobles de la montagne, trapus, violents et fauves comme leurs taureaux. A l'état ordinaire, il émettait des principes vrais, mais toujours exagérés. Dès la première contradiction, il passait à l'état farouche ; ses yeux s'allumaient à faire peur. Il buttait son poing terrible dans les côtes de son adversaire, par manière d'accentuer son discours. Et, alors, sa parole n'avait pas le sens commun.

J'eus à le voir, un jour, pour des renseignements, et j'allai le trouver dans la sacristie même. Je le trouvai aux prises avec un dominicain, avec lequel il avait entamé, on ne sait comment, la question du libéralisme. Le terrain était brûlant.

Le bon Père, au plus fort de la discussion, commit l'imprudence de déclarer qu'il faut savoir vivre avec le monde actuel, et que le Pape lui-même donne un formel exemple de cette aménité dans les relations avec les plus irréconciliables ennemis. Il fut saisi par les coudes et jeté brutalement à la porte : Allez, allez avec le monde !

Là-dessus, il s'acharne sur moi et me fait sa déclaration de principes : « Le libéralisme vient de l'enfer. Les libéraux sont pires que le diable. Le devoir de tout Espagnol est de les chasser de l'Espagne à coups de fusil. Jamais, jamais, ni Alphonse, ni Christine, n'auront de moi, ni des bons prêtres, ni des bons catholiques, même un soupir. Guerre à mort ! jamais la paix ! Ils ne comprennent pas que l'on puisse conspirer pour les renverser ; nous les haïssons comme Satan. Quant à leur avenir, il est certain, comme Dieu existe, qu'ils seront damnés, pour leur propre perversion, et pour la perversion de leurs sujets. La Reine constitutionnelle, elle est maudite ! Vive don Carlos ! »

Tout cela, Madame, fut dit en français, mais en un français barbare, sans souci d'aucune règle, ce qui prêtait au partisan un accent plus farouche et plus dur. Voilà le plus inébranlable doctrinaire que le catholicisme paraisse avoir en Espagne.

Eh ! bien, Madame, voilà un homme, un ministre de cette même religion catholique, qui a déserté un jour sa paroisse à l'appel du prétendant, qui a suivi les camps, tantôt à cheval, tantôt roulant sur les caissons de l'artillerie, qui a fait peut-être le coup de feu. Sa religion, à l'entendre si profonde, ne l'a pas averti qu'il souillait son caractère, et qu'au profit d'une intrigue politique il prêchait de parole et d'exemple la guerre civile.

Voilà un homme, que certains moralistes de seconde main, éducateurs de la jeunesse pourtant, nous présentaient comme un modèle. Le prêtre carliste, cela veut dire le prêtre d'un homme, le prêtre pour un homme ; cela ne signifiera jamais le prêtre d'une religion et d'un dieu.

Je comprends le prêtre français, le prêtre espagnol ; ce sont les fils d'une même patrie, les frères aînés d'une famille d'hommes qui se défendent. Le prêtre carliste, je le regarde comme un dégénéré ; il est plus homme que quel homme que ce soit.

Ceux qui nous instruisaient nous parlaient aussi de l'armée du prétendant comme d'une armée éminemment catholique. Et je me souviens avoir entendu dire à l'un d'entre eux : Ce sont d'autres Vendéens ! Heureuse Espagne, qui peut enfanter encore de pareils héros !

Cela, des Vendéens ? Allons donc ! Le Vendéen voulait quelque chose de défini et d'avouable : le droit de vivre avec Dieu et pour Dieu. Le Roi, qui seul alors représentait l'ordre et la religion, venait ensuite. On comprend, Madame, que des héros surgissent pour cette noble cause.

Mais, que voulait don Carlos, durant la dernière

guerre ? Défendre les intérêts de Dieu ? Pourquoi ne s'est-il pas retiré devant Alphonse, le monarque légitime ? Est-ce que celui-ci songeait à attaquer ces sacrés intérêts ? Oui, c'est de ce terme qu'il s'est servi pour rallier les anciens partisans ; et, eux, se sont battus sous ce drapeau. Mais autre était le souci du prétendant.

Don Carlos voulait le trône, qu'il considérait comme sa propriété ; son parti essayait une revanche, voilà tout. Et cela suffisait pour allumer l'incendie, pour décréter d'utilité publique le régime de la peur, de la famine et de la guerre civile.

Quant à la religion, on n'avait pas trop l'intention de la servir ; en attendant mieux, elle servait. La vie des camps dans l'armée de don Carlos n'a plus de mystères aujourd'hui ; et cette connaissance permet de conclure qu'on n'y avait aucun souci de restaurer la morale évangélique.

Les principes ? Qu'est-ce que c'est que ça ? Don Carlos, se battre pour des principes ? Philippe d'Orléans a accepté la Révolution, cela vaut bien l'espoir d'un trône. Et l'on annonçait naguère que

le prétendant à la couronne d'Espagne *manifes-
terait* bientôt, lui aussi, et déclarerait accepter la
situation acquise dans son pays. A quoi bon alors
troubler la tranquillité publique, pour en arriver
à cette capitulation opportune ? Egoïsme et désir
immodéré de régner !

Le second prêtre, avec lequel j'ai eu l'occasion
de causer un peu longuement, est un gracieux
et frais vieillard, partisan du gouvernement de la
Reine. Celui-là ne connaît pas la violence du geste
et du discours. Il conçoit que son pays pro-
gresse dans un certain ordre d'idées, et il rend
hommage à son gouvernement pour l'attachement
qu'il a toujours gardé à la religion catholique.

Naturellement, il déplore l'excès du mal philosophique, dont le poison se glisse de plus en plus
dans le sang espagnol. Mais il a le bon sens de
convenir que ni rois, ni armées, ne peuvent en-
traver cette marche progressive de l'irréligion.

Que voulez-vous ? Il y a quelque part un volcan
en éruption, et les voisins sont couverts de sa
lave ; c'était inévitable. Le volcan, dans son esprit, c'est la France ; et je dois avouer, Madame,

que sa sévérité vis-à-vis de nous, si elle est exagérée, n'est pas tout à fait injuste.

Actuellement, me dit-il, la philosophie a désorganisé l'Espagne. Ce peuple n'a plus le sens politique ; il est ivre d'illusions, et il cherche le pouvoir. Il ne l'obtiendra pas de longtemps, et ce n'est que dans le sang qu'il a la chance de le rencontrer. La presse est irréligieuse, les hommes de gouvernement sont irréligieux ; l'habitant des villes est indifférent ; le peuple de la campagne tend à s'affranchir du joug de la foi.

En attendant, ce peuple, autrefois si fort, est divisé en une multitude de fractions haineuses ; l'intérêt personnel est devenu la loi de tous. On s'abandonne aux goûts immodérés de la richesse et du luxe. Le vol et le parjure commencent à devenir des vices nationaux. Il n'y a plus de dévouement ; il n'y a que des services à vendre. Pendant que l'immoralité, favorisée par le climat et par l'abandon naturel des relations, étend sa lèpre, la défiance contre les censeurs gagne la multitude. La vengeance, en Espagne, se pratique aussi sûrement et aussi généralement qu'en Corse.

L'enseignement ecclésiastique lui-même, jusqu'ici très-pur et très-élevé, a beaucoup souffert. Et si, en France, vous regrettez d'avoir tant d'évêques courtisans, tant de prêtres faciles, que diriez-vous du clergé espagnol à ce sujet ?

Il y a parmi nous des hommes qui travaillent plus activement que les philosophes à perdre l'Espagne ; ce sont les irréconciliables, ces partisans féroces d'une royauté maintenant compromise. Ah ! qu'ils sont coupables, les prêtres surtout, qui entretiennent avec tant de soin le feu des discordes civiles ! L'Espagnol aurait besoin de se reposer un peu ; il se débarrasserait alors de cette fièvre malsaine qui le tient toujours en éveil, et qui le rend incapable de porter la moindre attention à ses véritables intérêts.

Voilà bien une noble parole, et je la crois aussi vraie que sincère.

Non, Madame, chauvinisme à part, sous le double rapport religieux et social, l'Espagnol ne vaut pas plus que le Français ; peut-être, à tout compter, vaut-il moins. C'est pourquoi je ne puis supporter cette prétention qu'il a de nous plaindre sur notre versatilité politique et religieuse. En fait d'intelligence et de labeur, en fait de bravoure et de franchise, il lutte contre nous, il est notre rival ; mais rien ne lui prouve qu'il nous ait dépassés. Aussi ne nous aime-t-il pas.

Vous ne me croyez probablement pas, Madame. Supposez un moment que je dis vrai ; je vous donnerai mes preuves tout à l'heure. Pourquoi sommes-nous ainsi les privilégiés de la haine des Espagnols ? Leur avons-nous fait plus de mal qu'aucun autre peuple, que les Anglais, par exemple ? Leur sommes-nous à charge dans nos relations commerciales ? Professons-nous le mépris à leur égard, et dédaignons-nous leur intimité ? Au contraire, la France, pour eux, est une seconde patrie, souvent plus généreuse et plus hospitalière que la première. La France brigue l'honneur de leur amitié, et ne manque jamais une occasion de leur affirmer ses sentiments d'affection et d'estime. Et, pourtant, la France est leur grande ennemie : pourquoi ? Il n'y a là-dessous qu'une question de jalousie, d'amour-propre national.

En vain colore-t-on ce sentiment abject d'un

prétexte de patriotisme. Les libéraux et les absolutistes, qui confondent leur haine, n'ont pourtant
pas les mêmes raisons ; ils devraient prendre la
peine de s'entendre.

D'après les uns, nous leur aurions fait beaucoup de mal à l'époque de l'occupation française,
en 1812. Vous voyez, Madame, qu'ils nous la
portent de loin. Ceux-là sont les absolutistes.
Napoléon ! Voilà le dragon sorti de l'abîme, le
monstre de sang et de feu, qui leur vint de France ;
et, depuis, Napoléon ou France, c'est la même
chose, lorsqu'il s'agit de porter la responsabilité
des faits lamentables de 1812 !

Vous le savez, Madame ; ces hommes-là raison-
nent peu ; ils sont tout à leurs préjugés et à leurs
haines. Sans faire ici de théorie politique, pour
ou contre l'invasion française, je puis rappeler
l'histoire aux partisans du Roi légitime et absolu.
Le général Suchet fit sauter le Montserrat en
1811 ; Salamanque devint la proie des flammes ;
plusieurs autres cités furent livrées au pillage ;
c'est la part de la France, soit !

Mais le général Rey, en 1813, garde Saint-Sébastien et la défend héroïquement contre les Anglais qui la détruisent !

Mais, en 1823, le duc d'Angoulême, s'immisçant dans les affaires d'Espagne, risquant sa vie, sa popularité, peut-être sa justice, au profit des aristocrates mécontents, s'en va rétablir à Madrid *l'ancien ordre de choses*, c'est-à-dire le gouvernement cher aux nobles, aux prêtres et aux moines.

Mais, en 1839, don Carlos, vaincu, vient à Bourges, et ses partisans se répandent dans nos départements du Midi. Ils sont accueillis comme des frères, par des populations essentiellement hostiles à leurs procédés.

Mais, en 1875, un autre don Carlos, une seconde armée royale, repassent la frontière et retrouvent, à quarante ans d'intervalle, dans un pays plus révolutionnaire que jamais, la même générosité et le même dévouement.

Cela aussi, c'est la part de la France.

La part des Anglais, la part des républicains espagnols, la part de l'absolutisme lui-même, est assez grande et assez facile à faire dans les calamités qui ont fondu sur l'Espagne. Ils se sont absous mutuellement. Seule, la France, quelle que soit sa munificence postérieure, est exclue de ce pardon.

Ceux que je comprends le moins, ce sont les libéraux : à qui doivent-ils donc leur existence, leurs droits politiques, sinon à la France ?

Sans être tout à fait de l'avis du prince Napoléon, c'est-à-dire sans admettre que l'empereur « *fût forcé de s'occuper des affaires d'Espagne* » ils savent bien que ce sont *leurs Bourbons d'alors* qui implorèrent l'intervention française pour régler des dissensions de famille. Oui, l'invasion de la Péninsule, ils la doivent plus à la *faiblesse d'un roi dégradé, aux tristes penchants d'une reine indigne*, à l'infamie d'un ministre *prêt à toutes les basses besognes*, à *l'ambition d'un fils soupçonné de parricide* qu'à un désir secret, chez Napoléon, de les asservir.

Le passage de Napoléon en Espagne valut à celle-ci l'esprit moderne. Ce cadeau est apprécié diversement, en raison de la diversité des jugements sur la Révolution ; ceux-là du moins devraient bénir la France, qui travaillent pour le compte de la Révolution, et qui réclament sans cesse la Constitution de 1812.

Les Espagnols aiment et recherchent tout ce qui vient de France : nos modes, nos usages, et nos défauts. Ils dévorent nos romans; et tel de nos écrivains, dont la réputation ne tient pas plus d'un jour chez nous, est aussi populaire en Espagne qu'en France. Expliquez-vous donc, Madame, qu'ils n'aiment pas la France. Question d'amour-propre, vous dis-je ; et rien de plus.

Maintenant, Madame, je tiens à vous prouver l'existence réelle de ce sentiment de haine contre nous. Il fait partie du patrimoine national.

On peut dire exactement : les Espagnols détestent les Français. Il y a, sans doute, de nombreuses exceptions; mais elles n'ont pas encore changé l'esprit du pays.

Sachez d'abord que l'Espagnol ne se croit pas tenu à la moindre reconnaissance envers vous, pour tant que vous l'ayez comblé. Il pense vous faire un honneur immérité, s'il daigne accepter votre hospitalité, alors même qu'il est sans asile.

Tel qui s'est carré dans votre salon, qui s'est allongé dans votre lit, qui a mangé votre pain, qui a sali vos parquets, n'a pas même gardé votre nom. Il plaisante, peut-être, en ce moment sur la naïveté de vos soins, et peut-être sur la longueur de votre pied. Car, Madame, soyez sûre qu'il a aperçu tous vos défauts, si vous en avez, et que de cela il se souvient très-bien. Vous l'avez gardé six mois, un an d'exil; vous l'avez choyé; vous l'avez refait des fatigues de sa vie d'aventures; et il a engraissé. C'est bien. Il travaille maintenant à taquiner les Français dans ses livres et dans ses journaux.

En 1870, l'année funeste, nous souffrions. La patrie saignait aux deux flancs; et nous, tremblant de voir agoniser notre mère commune, nous pleurions. Nous n'avions guère le temps d'écouter les voix lointaines qui insultaient à notre malheur : nos journées se passaient sur les champs de bataille, et, la nuit, nous ramassions nos morts et nos blessés.

Sanglante ironie! Ceux qui riaient plus fort étaient précisément ces Espagnols pour lesquels

on avait risqué la guerre ! Nous répandions tout
notre sang, nous versions toutes nos larmes pour
avoir mal compris l'honneur, pour avoir voulu
épargner la honte d'un roi allemand à ce peuple
qui nous avait donné une souveraine.

Ils ne se turent pas ! Bien plus, ils vinrent
danser dans la chambre du moribond.

A Biarritz, Madame, tout le monde s'en souvient. Ceux qui me l'ont raconté frémissaient de
vengeance. Les Espagnols peuplaient les villas ;
ils consumaient leur temps en noces et festins.
Raillant la Majesté vaincue, qu'ils avaient coutume de flatter un mois auparavant, dans sa résidence impériale, ils allumaient, pour sa défaite,
plus de feux que n'en avait allumés l'hôte souverain pour éclairer leurs adulations hypocrites. A
chaque nouveau triomphe de l'ennemi correspon-
dait une fête nouvelle. Et, sur leurs toits, que dis-
je ? Madame, sur nos toits à nous, sur le toit de la
France mourante, ils faisaient flotter joyeusement
le drapeau prussien, marié à l'oriflamme jaune
et rouge. Ainsi s'accouplaient hideusement, par-
dessus nos têtes, les vainqueurs et les traîtres.

Croyez-vous, Madame, que tous les ennemis de la France s'étaient triés et donné rendez-vous à Biarritz? N'est-ce pas la preuve de ce que je vous disais, que tout Espagnol est anti-Français par quelque bout?

Sachez encore qu'en Espagne je ne puis pas espérer me recommander de ma qualité de Français. Tous les voyageurs qui m'avaient précédé dans la Péninsule s'étaient fait un devoir de m'en avertir.

En Italie, en Angleterre, en Grèce, en Turquie, en Amérique, aux pôles, sous l'équateur, ce doux nom de France produit des effets merveilleux; il remue tous les cœurs, et tout le monde estime un Français.

En Espagne, si l'on veut être choyé, il faut se dire Prussien, Anglais, Italien, Chinois, Flamand de préférence; mais, Français, qu'on s'en garde! Un *Flamenco* est un homme de considération; déclarez-vous tel, vous en aurez tout le profit. Si vous vous avouez Français, vous n'êtes plus qu'un homme de rien.

Jusqu'à notre magnifique langue, notre langue

universelle, qui est frappée par cet ostracisme.
Ah! je leur porte sur le cœur ce dédain affecté ;
car, soyez-en convaincue, Madame, c'est parce
qu'ils ne peuvent pas aboutir à des progrès
sérieux qu'ils croient se venger en la négligeant.
Ils ne punissent qu'eux-mêmes.

D'Hendaye jusqu'à Bordeaux, de Bayonne
jusqu'à Marseille, vous trouverez partout des
Français qui parlent l'espagnol, qui s'y appliquent
afin de se rendre utiles à leurs voisins. Non-seulement les commerçants, mais les ouvriers du
port, les employés de chemins de fer, les garçons
d'hôtel emploient cette langue. Un Espagnol est
encore chez lui dans tout le Midi de la France.
Mais un Français devient un étranger pour tout le
monde, dès qu'il a franchi la ligne frontière.

Si vous avez à interroger quelqu'un par-delà,
civil ou militaire, paysan ou gentilhomme, posez-
lui timidement votre question en français. Vous
verrez, Madame, avec quel haussement d'épaules
on vous signifiera que vous n'êtes pas comprise.
« Comment ! vous voilà une grande femme, et vous
ne parlez que français ? Vous voyagez en Espa-

gne, et vous n'avez pas pris la précaution d'apprendre l'espagnol ? Et d'où sortez-vous ? De France, cela se voit bien. » Ce geste veut dire tout cela.

A quoi bon, d'ailleurs, étudier la langue française ? Le *savoir* espagnol professe pour elle le plus parfait mépris.

Vous ne me croiriez pas, Madame, si je me contentais d'affirmer que j'ai lu ce que je vous dis dans vingt auteurs espagnols, d'idées comme d'opinions différentes. Je vais vous traduire fidèlement quelques lignes d'un article de journal. Elles auront cette particulière saveur qu'elles sont plus fraîches et qu'elles appartiennent à un écrivain connu, par-delà les monts, pour son talent et pour ses opinions avancées ; il est tout à fait dans le mouvement du progrès.

« ... Aujourd'hui, ceux qui se targuent de savoir « le français, cet idiome de la diplomatie et du « vice, qui n'a pas de mots pour exprimer l'a- « mitié, ni le véritable amour *..... »

* *El Dia*, 28 août 1887.

Ces trois lignes suffisent pour vous servir de garant à ma parole et à la sottise de l'écrivain. Vous voudriez bien savoir de lui, n'est-ce pas, tout comme moi, comment on exprime, en castillan, l'amitié et le véritable amour, autrement que par *amistad* et *amor*? Les deux mots français *amour* et *amitié* ne comptent pas.

Voilà, Madame, ce qu'on peut enseigner au-delà des Pyrénées, à deux pas de la France. Carlistes et républicains, libéraux et anti-constitutionnels, prêtres et laïques, philosophes et journalistes s'accordent sur ce point : le dédain des choses de France.

Comprenez-vous maintenant, Madame, pourquoi j'ai cru utile de vous parler des choses d'Espagne?

En vérité, à quoi pensent, et nos écrivains et nos moralistes, lorsqu'ils caressent l'Espagne? A quoi pensent surtout nos politiques, lorsqu'ils rêvent de son amitié? Il ne nous viendra, de ce côté-là, que des amertumes, rien que des trahisons.

Non, non; que la France se souvienne qu'elle est l'aînée du catholicisme, et la belle parmi les nations ! Qu'elle se rappelle que sa langue est la lumière des peuples ! Et qu'elle dédaigne la basse rivalité de ses jaloux ! Qu'elle les tolère sur son sol fertile, sur ses plages superbes ; qu'elle continue son hospitalité princière ; et qu'elle convie l'Espagnol à ses fêtes ! Qu'elle soit Reine !

Mais qu'elle ne compte sur personne, pour une alliance prochaine, au cas où elle aurait à se défendre !

TABLE DES MATIÈRES

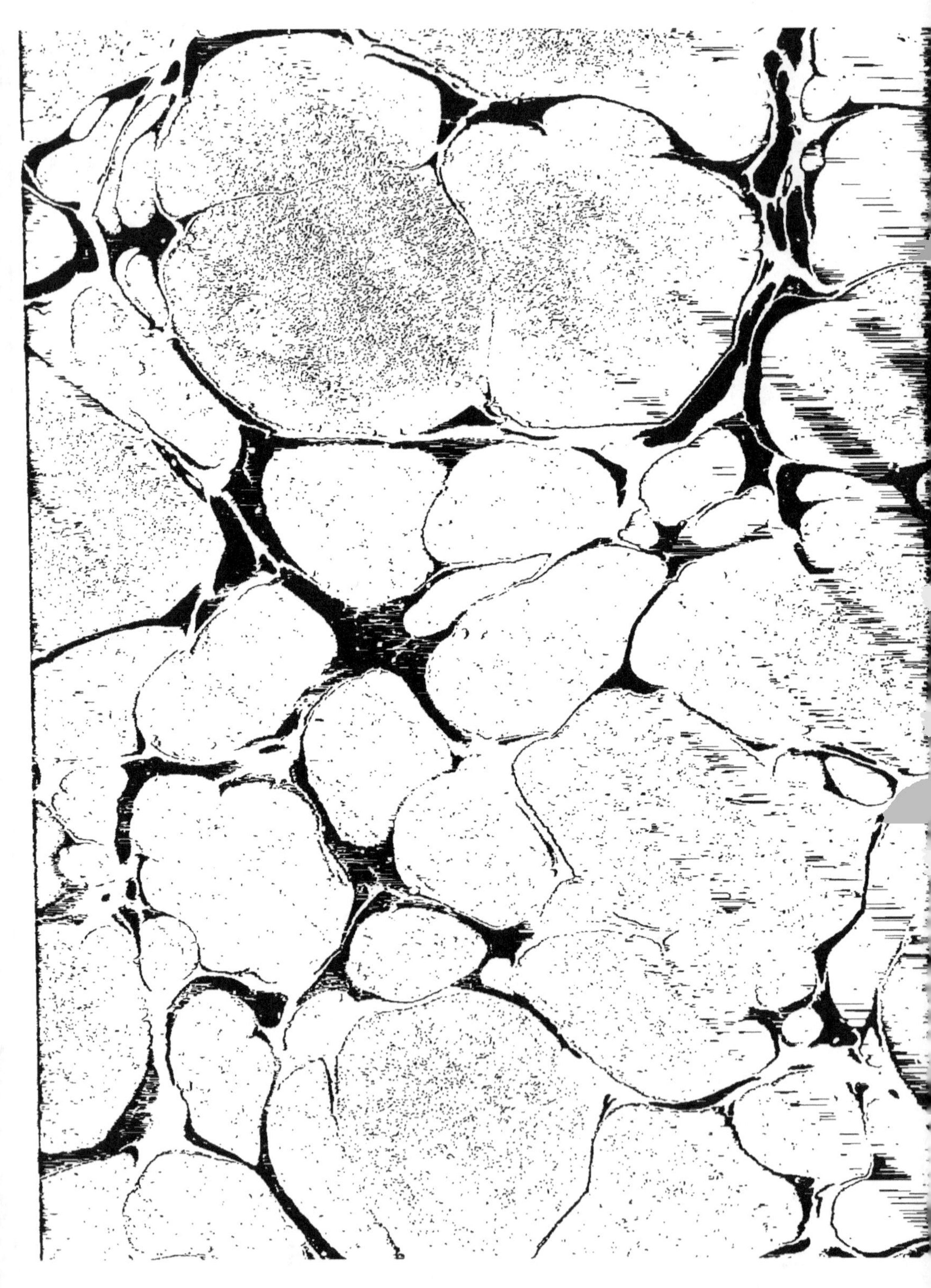

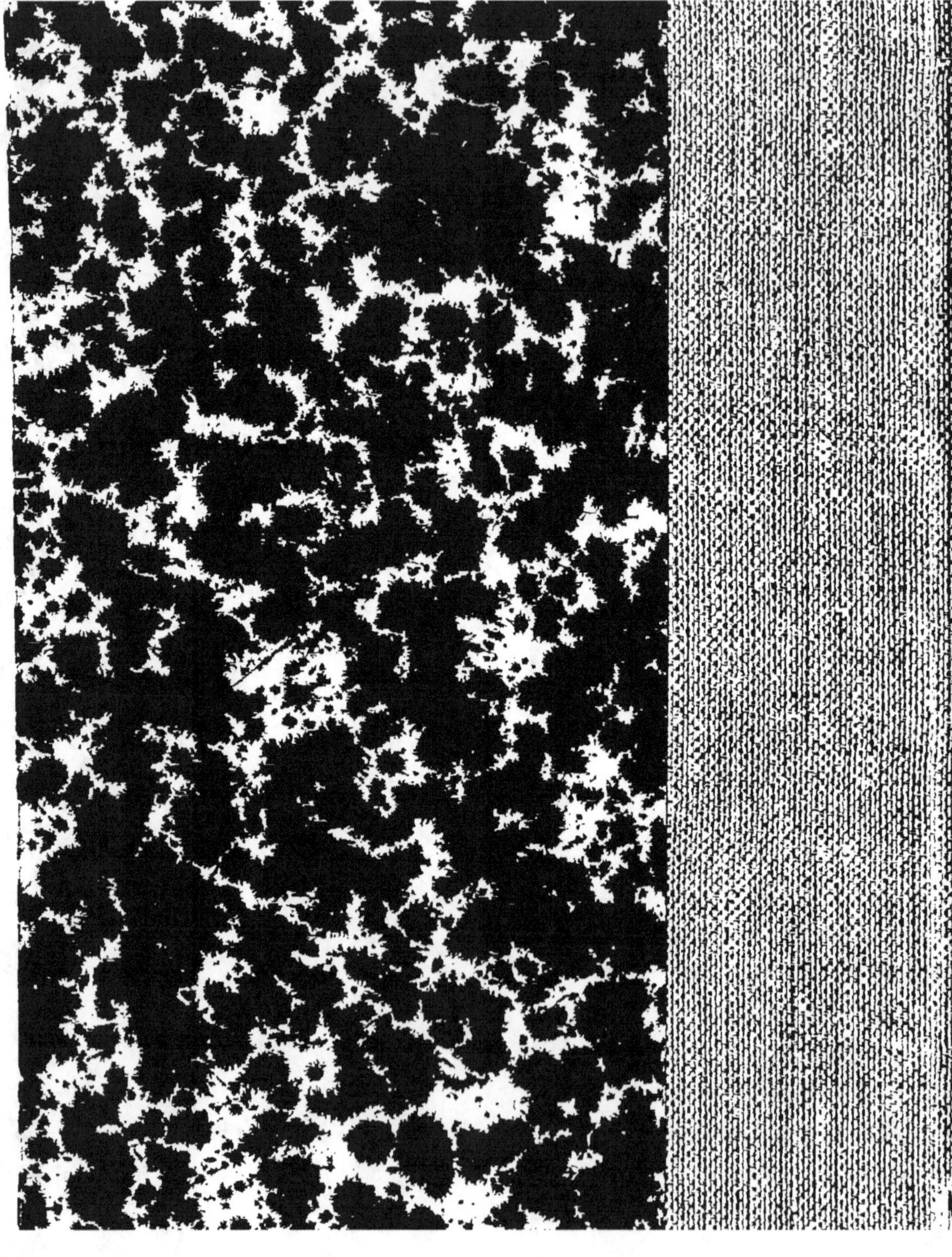